Folkehøjskole に行こう

良い出会い、良い体験、良い学び
のある Folkehøjskole20 校

北欧留学情報センター編

まえがき

『Folkehøjskoleに行こう 一良い出会い、良い体験、良い学びのある Folkehøjskole20校』は、2021年10月に刊行した『社会人のための北欧留学 ―デンマークFolkehøjskoleガイド2022年版』（次頁参照）のダイジェスト版です。

　本書では日本人が比較的留学しやすく、そして人気もある20校を選びました。もちろん20校以外に魅力的なFolkehøjskole（以下FH）はあり、20校にしぼるのは、なかなか骨が折れました。でも他のすべて学校も短い説明とともにご案内していますので、参考にしてください。

　さて、FH留学あたり、本文の中でも触れていますが、あらためて留意しておいて頂きたいことがあります。

　FHは専門的なことを学ぶ教育機関ではありません。試験や成績表はなく、単位がとれる訳ではありませんから、学位も資格もとれません。ですのでFHに特別なスキルアップやキャリアアップを望み、過大な期待をかけて行くのは、お勧めできません。もしも専門的なスキルや知識・情報を学び身につけたいのなら、現地の大学、大学院を目指すべきです。

　ではFHでは何を学ぶのか、と問われれば、人間（自分も含む）と社会、そして民主主義にについて学ぶことだと思います。新しい人や物と出会い、自分や自分と社会（他者）の関係を探求し、民主主義を学び、今の自分や今住む日本社会を相対化する機会をFH留学はあなたに与えてくれます。FHにある様々な科目を通じて、自分、社会、民主主義を考えることにこそFH留学の意義はあります。この文章をまとめているあいだに、ロシアのウクライナ侵攻が始まり、世界の民主主義社会が脅かされています。おそらく多くのFHでこのことは議論されていることでしょう。「民主主義とはなにか？」などと授業で聞かれるわけではありません。FHの日常生活のなかで自然に様々なことを学んでゆくことになります。したがってFHで、何を、どれだけ学んだのかは留学生本人が推し量るしかないのです。

本書が、みなさんがデンマークで、良い学び、良い体験、そして良い出会いや縁に恵まれ。実り多い留学につながる一助になれば幸いです。

2022 年 2 月 26 日

編集部

お断り：本書では基本的に「Folkehøjskole」（または略して FH）をそのまま表記しています。しかし私どもの依頼で原稿を寄せて頂いた方達の文中では Folkehøjskole を「フォルケホイスコーレ」と表記しています。また学校名をカタカナ表記するためにしフォルケホイスコーレ、ホイスコーレを用いていますが、Folkehøjskole そのものを指すものではありません。また Grundtvig については基本、本文中は、グロンドヴィ、の表記ですが、原稿を頂いた執筆者や引用記事における表記はそのままにしました。

「社会人のための北欧留学－
　　デンマーク Folkehøjskole ガイド 2022 年版」

北欧留学情報センター編著

Ａ５版、238p、並製、

定価 4180 円

（本体 3800 円＋税 10%）

＊但し、小社に直接ご注文頂ければ 3800 円

　（税、送料込み）で注文を受けています。

ご希望の方は

①住所（〒含む）

②氏名（ふりがなも）

③電話番号

を書いて下記メールへご注文ください。

cnsp@bindeballe.com 件名は「2022北欧」

目　次

第 1 章

Folkehøjskole に行こう

Tag på folkehøjskole

● Folkehøjskole は Folkehøjskole

folkehøjskole（日本では「国民高等学校」と訳されたり、＜フォルケ
ホイスコーレ＞とデンマーク語の発音のカタカナ表記で呼ばれます）と
は、北欧全土に広がる独特の成人教育機関であり、通常の公教育から独
立し影響を受けない私立学校群です。

folkehøjskole（以後 FH と表記）は、誤解を恐れずに言えば、日本の
私立大学などが主催する「エクステンションセンター」や自治体や民間
が主催する「カルチャーセンター」、「市民講座」が、寄宿制の学校になっ
たようなものといえるかもしれません。しかしエクステンションセンター
は大学主催のビジネス、カルチャーセンターは民間企業主催のビジネス、
市民講座は自治体主催の市民サービスのイメージがありますが、FH は、
デンマークの歴史や文化を背景に生まれ、しっかりとした教育理念に裏
打ちされているものです。1844 年に世界で最初の FH ができると、北欧
全土に拡大して、各国で運営方法や内容に違いはありますが、北欧の教
育文化としてしっかり根付き社会的に様々な影響力をもっています。

日本では、寺子屋や不登校児を受け入れるフリースクールの原型、あ
るいは生涯教育の場であるかのような紹介がされたりもしますが、そう
ではないと思います。また最近 FH が多くの人に知られるようになり、
ネット上には『デンマークには、大人が教養や専門技術を学べる「フォ
ルケホイスコーレ」という学校があります』、と書かれていることもあ
りますが、デンマークの FH で専門的なことは基本的に学べません。競
争と排除が教育を受けて育ち、それが内面化した普通の日本人には FH
を理解してもらうのは、なかなか難しいことです。folkehøjskole は、
folkehøjskole、としか言いようがありません。

●発祥はデンマーク

FH の発祥はデンマークです。最初の学校は 1844 年に設立された
Rødding højskole（レズィング・ホイスコーレ）です。

以来、民主主義国家デンマーク社会の形成と発展の礎となってきまし
た。FH は、近代デンマーク社会を語る上で重要かつ欠かせないものな

のです。デンマークには現在75校が
あります。それぞれ運営方法やカリ
キュラムは違いますが、若者達へ社会
的自覚と民主主義を教える場である
ことは共通しています。

　FHはデンマークの教育システムの
中では、「成人教育」のなかに位置づ
けられていますが、「学校を超えた学校」
と指摘する人もいます。

1844年11月7日開校。世界初の
folkehøjskole、Rødding højskole
（レズィング・ホイスコーレ）。

●N. F. S. グロンドヴィ

　FH誕生の基になった教育思想を提唱したのは、デンマークの宗教
家、詩人、作家のN. F. S. グロンドヴィ（Nikolaj Frederik Severin
Grundtvig、1783 - 1872、次頁参照）です。彼は当時（1800年代半ば）
の硬直した暗記中心の教育を批判し、生徒と教師が寝起きをともにしな
がら「生きた言葉」で語り合い響き合うような対話を重ねて自分たちを
とりまく世界を学ぼう、と訴えました。そして公教育からは独立した学
校の設立を提唱したのです。

　そのグロンドヴィの教育思想を基礎に生まれたのが「folkehøjskole」
でした。いま在る各校はそれぞれ独自の主旨で設立されていますが、底
流にはグロンドヴィの「人間同士の対話による相互の人格形成」の考え
方があります。カリキュラムを学ぶことも大事なのですが、、そこで出会
う人々と対話を繰り返し、自分とはなにか、他者とはなにかを考えます。
またさらに今生きる社会とはなにか、そして社会をより良いものするた
めにどうしたら良いかを考え、最終的には民主主義社会の発展を考える
ことが大切です。それがFHで学ぶもっとも重要なことなのです。

　「FHは、教育的機関、すなわち『学校』です。そしてこのことが、毎
日の生活にある種の影響を与えています。FHと学校制度による学校と
の違いは、FHには、学科や学習法やクラスのタイプを選択する自由が
あるということです。

N.F.S. グロンドヴィ (1783−1872)

　Folkehøjskole のコンセプトを作った、デンマークの思想家、文学者、詩人、宗教家。1783 年に牧師の息子として誕生。20 歳の頃、人妻に激しい恋心を抱いた末に失恋。この経験が、思想家グロンドヴィを誕生させたと言われる。

　FH に繋がるアイディアは 1814 年に始まった 3 年に及ぶ彼の英国留学がきっかけだった。もちろん、彼のフォルケホイスコーレ運動の背景には、当時のきびしいデンマークの政治状況も関係している。文学者としてもすぐれ、多くの詩を残している。FH には独自のソングブック (Folkehøjskole songbog) があるが、この中には彼の作詞によるものが数多くある。アンデルセンやキルケゴールと同時代を生き、生涯 3 度の結婚をし、3 人のうちでもっとも長生きをした「生活者」でもあった。

　すなわち、長い授業時間と普通校にはないまったく新しい学科、複数の学問分野にまたがる学科、討議しあう授業や実践的授業の重視、少人数の学習グループによる革新的な教授方法、講義、討論会、学生が中心となって進めるクラスなどです。でも本当の違いは、今挙げたことや構造上のものではなく、むしろ学ぶ内容の多様性にあります。原則的には、自己の存在、すなわち人と関わりを持った生活が、すべての学科の核となるべきなのです。このことは学力審査や試験によって判断することはできないものなのです。」

　「FH では、性別、年齢、宗教、政治的信条に関係なく、誰もが歓迎されます。自分自身と、そして我々共通の存在に光を与えたいという願いをもって自発的にやってくるのです。」

　（『女性 40 代からの北欧留学』夏目孝茂訳より、ビネバル出版刊）

● Folkehøjskole の特徴

　FHe の特徴を説明すると次のようになります。

＊入学資格　原則として 17 歳半以上であること（16 歳〜 19 歳対象のFHもある）

＊入学試験　ありません。在学中も「試験」と名のつくものは基本的にはありません。

＊成績表　ありません。

＊卒業証書　ありません。資格もとれません。

＊寄宿生活　滞在中は他の生徒と教師が寝起きを共にします（教師は学校周囲の住宅に住んでいる）。

＊学費　授業料、寄宿料、食費（1日3食）、その他を含めて1カ月 10 万円〜 15 万円が目安。

＊科目　人文科学系中心、芸術・デザイン、体育スポーツを中心として、さまざまなことを学ぶことができます。

●Folkehøjskole で学ぶ、いちばんだいじなこと

Folkehøjskole の 1 日

08：00	朝食
09：00	朝の会
09：30	授業
12：00	昼食
13：30	授業
16：00	自由時間
18：00	夕食
19：00	Hygge、自主活動

デンマークで2番目に古い FH、Uldum højskole(ウルドゥムホイスコーレ）には 2019 年時点で、音楽＆演劇、心理学＆教育学、芸術＆デザイン、社会＆メディア、スポーツ＆水泳、人類学＆自然科学の6つの分野に分けてなんと 80 以上の科目を提供しています。ここには現状デンマークに 75 校ある、FH で提供されている科目のほぼすべてが網羅されています。人文科学・芸術が中心の科目群です。しかし学ぶ内容は基礎的な事に限られ、職能資格や学位に結びつく専門的内容ではではありません。

　すでに書いたように、FH には、入学試験、成績表、単位もありませんし、資格もとれないし、卒業証書や修了証が留学の最後に渡されるわけではありません（希望すれば修了証を出してくれること学校もある）。ですから特別なスキルとキャリアアップを期待して FH に留学すると、ガッカ

Musik og teater	Psykologi og pædagogik	Kunst og design
Begynderband	Det gode liv	Beklædning
Begynderguitar	Formidling og præsentationsteknik	Beklædning – Fællesprojekt
Børneteater	Køn, kønsidentitet og seksualitet	Billedværksted
E-musik	Musikledelse	Den lille håndværker … og lidt have!
Elektropop – band	Parforhold og relationer	Design og projektfag
Jazz og blues – band	Personlighedens psykologi	Filmproduktion
Kor – rytmisk	Pædagogik	Filtring
Kor – forestilling	På tværs af hovedet	Jord under neglene – have og håndværk
Kor – happy christmas	Studievejledning	Keramik
Kor og teater festival	Psykologi. Tankespind og fælleseshav	Kunsthistorie
Lydstudie	**Idræt og svømning**	Læder
Musikhistorie	Adventure	Madlavning
R&B – band	Aquafitness	Ovnformet glas
Sange fra højskolesangbogen	Aquasport	Projektfag
Sangskrivning	Beachsport	Raku – keramik
Skriv det om – band	Boldspil	Smykkedesign
Stomp	Brætspil – sæt livet på spil	**Samfund og medier**
Teatersport	Callisthenics	Aktuel debat
Teater	Friluftsliv	DigitalSNAK
Antropologi og naturvidenskab	Holdspil	Film
Antropologi	Idræt og leg	Film og litteratur
Bæredygtig livsførelse	Idræt på tværs	Kortfilm
Krop og sind	Kantgravetræning og motionssvømning	Kriminologi
Krop og kultur	Parkour	Litteratur
Naturoplevelser	Slagbold	Litteratur og skriveværksted
Podcasting	Styrkefitness	Politik og samfund
Zoologi	Svømmetræning	Privatøkonomi
	Styrketræning	Projektledelse og facilitering
	Vinter Viking	Religion
	Volleyball	Skriveværksted
	Yoga	

… Super godt!   Højskolerne   Søg   SØG

リすると思います。

　FH は多くのデンマーク人にとっては、将来を考えたり、次の学校に進学するためのモラトリアム期間の一つであったり、新たな進学先に提出する、新規のポートフォリオを作成するために、FH を選ぶ事も多いです。しかしデンマーク人にとって、FH の学びでいちばん大事なことは、そこにある科目ではなく、自分は何者なのか、社会とはなんなのかを「対話」通して考え学ぶ事です。そしてもっとも大事なことは、どうしたら民主主義社会をより良くできるのかを考えることなのです。

日本人の場合は、社会人になる前に留学にしたり、3、4年の社会人生活ををして一休みして次のことを考えたり、自分の好きなこと（手芸や絵画）を集中してみたいという理由でFH留学を選ぶことが多いです。

　公教育にはない科目がたくさん用意されていますが、繰り返しになりますが、FHでは、成績がつけられることはありませんし、優劣がつけられることもありません。資格が取れるわけでもありません。教師は課題を出しますが、最後まで必ずやりなさいとも、いついつまでに終わらせなさい、ともいいません。ですからFHで、どれだけ学んだか、なにを学んだかは、生徒本人が判断するしかありません。

　FHは、多くの人がしばらく立ち止まって、自分の可能性や創造性を発見し伸ばし、人間性を豊かにする場でもあると考えてください。

　「大学に入学して自分の進路に疑問が多すぎて、少し別の視点から自分を見つめなおしたい」、「会社に勤めて、季節の移り変わりを、様々なメディアやSNSでしか確認できないほど忙しく働いてきたけれど立ち止まって少し周囲に目をやって自分のこの先10年を考えたい」、「子育てもだいたい終了したのでこれから先の自分を考えたい」などと考えている人にもFHへの留学をお勧めしたいのです。

フォルケホイスコーレの魅力

原　義彦（東北学院大学教養学部教授）

　フォルケホイスコーレに関心を持ち始めて長い年月が経つ。これまで何度となくデンマークを訪れ、フォルケホイスコーレでの学びや教育の状況について実地調査を行い、また、短期コースにも参加して、フォルケホイスコーレの実態を探ってきた。数えてみると、これまでに訪ねたフォルケホイスコーレの数は40校を超える。調査はまだ入り口付近をうろうろしているばかりであるが、探れば探るほど、その魅力と関心は高まるばかりである。フォルケホイスコーレの全容解明も、全フォルケホイスコーレを制覇するにも道半ばではあるが、紙幅の許す範囲で私なりにその魅力をまとめてみたい。

1．フォルケホイスコーレの誕生と背景

　フォルケホイスコーレは、19世紀半ば、デンマークにおける民主憲法制定の動きの中で、地方農村青年の教育や国民意識の形成などを目的として、グルンドヴィ（N.F.S.Grundtvig）らの提唱により設置が進められたデンマーク発祥の成人教育施設である。その第一号となるロディンホイスコーレが設立されたのは、1844年のことであった。

　これを機にフォルケホイスコーレ運動はますます高まり、デンマーク国内にフォルケホイスコーレの設置が広がっていく。折しも、1864年、デンマークはプロイセンとオーストリア連合軍との戦争に敗れ、ユトランド半島南部の肥沃なシュレスヴィヒ・ホルシュタイン地方を割譲されることになった。そこは、奇しくも、フォルケホイスコーレ第一号のロディンホイスコーレが存する地域でもあった。領土を失ったことと、フォルケホイスコーレの聖地とも言えるロディンの地を失うことは、デンマークにとって、また、フォルケホイスコーレにとっても屈辱的な出来事であった。

Rødding Højskole Photo by Yoshihiko Hara

　この敗戦後、デンマークは国内の農業、経済、文化、民族精神などの復興によって新たな国づくりを進めることとなる。このような歴史的かつ社会的な背景とそれまでのフォルケホイスコーレ運動の機運が重なり、国内各地に多くのフォルケホイスコーレが設立されていった。こうした戦後復興への地道な努力により、20世紀初頭には、デンマークはヨーロッパでも指折りの農業国として、また、文明国として再生することになる。

　デンマークが短期間のうちに復興した理由の一つとして、フォルケホイスコーレによる農民に対する国民意識の形成が果たした役割が大きい。敗戦という国家的逆境にあって、いち早くフォルケホイスコーレの設立に関わった人々や関係団体、そしてその意義を理解したデンマーク国民の先見性は見事というほかはない。今、そして、これからフォルケホイスコーレに興味関心を寄せる多くの方々には、ぜひ、フォルケホイスコーレのこうした歴史を知っていただきたいと思っている。

　そして、時代は20世紀から21世紀へ進み、フォルケホイスコーレが誕生したころとは国も社会も大きく変貌した。長い歴史を持つフォルケホイスコーレの校舎には、今も開校当時の農家の納屋や馬小屋の面影を留めているものを見ることがあるが、今、そこには農民の教育という実態はない。農民のための教育機関として生まれたフォルケホイスコーレは、どのような道程をたどって今に至り、この間、何を守り、何を変え

てきたのか。フォルケホイスコーレに関心を持つ一人として、解き明かしたい研究課題である。

2．フォルケホイスコーレの多様性

　フォルケホイスコーレは、その数が 100 を超える時代もあったが、フォルケホイスコーレ協会のウェブサイトによると、2020 年現在では 75 校となっている。フォルケホイスコーレは、原則、満 17 歳 6 ヶ月以上であれば、性別、年齢、国籍を問わず無試験で入学できる。

　フォルケホイスコーレには、提供する教育内容や受け入れる学生の年齢などによって次の 7 つのタイプに分けられる。

1）広範な教育内容を提供している普通・一般ホイスコーレ
2）音楽やデザイン、演劇などを中心とする専門特別ホイスコーレ
3）体育・スポーツ系ホイスコーレ
4）キリスト教およびスピリチュアル系ホイスコーレ
5）ダイエット、運動などを中心とするライフスタイル系ホイスコーレ
6）概ね 60 歳以上の高齢者を対象とする高齢者ホイスコーレ
7）16 歳から在籍可能な青少年ホイスコーレ

　これをみると、フォルケホイスコーレの教育・学習内容がいかに多様で、学生の年代も、青少年から高齢者までと幅が広いことがわかる。

　フォルケホイスコーレで提供される学習機会には、主に長期コースと短期コースの 2 つがある。長期コースは、通常、新年度が始まる 8 月中旬から 12 月までのコースと、1 月から 6 月中旬までのおよそ 5 ヶ月間のコースが開設されている。長期コースでは、主に高等学校を卒業した 18 〜 20 代前半の人々が学んでいるが、それよりも上の年代の人もいる。統計によると、年間、約 1 万人が長期コースで学んでおり、その数は、年々、増加している。留学生を受け入れる学校が増えており、日本からも多くの学生が留学し、学んでいる。

　教育内容は、デンマーク語、歴史、文学、哲学、政治、メディア、ジャー

昼休みのひととき（Testrup Højskole、Photo by Yoshihiko Hara）

ナリズム、体育、音楽、演劇、陶芸、デザインなど多岐にわたっている。専門特別系のフォルケホイスコーレであれば、スポーツや音楽等のそれぞれの分野の中で、さらに細分化した科目が用意されている。フォルケホイスコーレでは、それらを組み合わせたプログラムが提供されているが、決められている教育内容はなく、各学校がそれぞれ独自性を出したプログラムが組まれている。また、対話を重視することが基本的な考え方で、教員と学生の間、学生どうしの間でも、数々の場面で対話的な教育や学習が行われている。各科目には試験はなく、コースの修了試験もない。コースの修了で何らかの資格が取得できるということもない。

　一方、短期コースは7〜8月や12月など長期コースが終了している期間を中心に、特定のテーマによる一週間程度のプログラムが提供されている。例えば、自転車（サイクリング）、絵画、ヨガ、旅行など、多彩なプログラムが見られる。短期コースの受講者の年代は長期コースの場合より高めで、20歳代から80歳代以降までと幅広い。

　フォルケホイスコーレの特徴の一つに寄宿制がある。これは、長期コースも短期コースの場合も共通である。学生はコースの全期間、学校で寝食を共にする。また、食事、集会などでは、学生と教職員全員が一堂に集まる。朝集会では全員揃ってホイスコーレソングを歌い、食事の前後には頻繁にミーティングを行う。授業が終われば、食堂やフリースペース、

休み時間（Hadsten Højskole、Photo by Yoshihiko Hara）

屋外で、学生たちは自由な時間を過ごして学校生活を送る。このように、多様なタイプのある学校に、多様な学生が集まり、多様な学習をして一定期間を過ごす。こうした多様性とそれを包摂するのがフォルケホイスコーレの特徴であり、ほかに類を見ない魅力である。

3. フォルケホイスコーレが目指すもの

　フォルケホイスコーレでは、年間に長期コースでは約1万人、短期コースでは3万人を超える人々が学んでいる。彼らの多くはデンマーク人であるが、先に述べたとおり、日本人を含む多くの国や地域からの留学生もいる。学生それぞれは、どのような目的を持ってフォルケホイスコーレで学んでいるのか。関係者によると、長期コースで学ぶ学生の目的には、1）これからの生活や仕事への準備のため、2）成人（社会人）になるための準備として、3）自分自身を試すため、4）大学進学の準備のためなどがあるという。これらの一部は、デンマーク人に限らず、海外からの留学生にも当てはまることである。

　一方、フォルケホイスコーレの立場からみると、フォルケホイスコーレが目指すものは何なのだろうか。これを解き明かす鍵は、フォルケホイスコーレの基本価値（værdigrundlag）にある。基本価値とは、学校の目的よりも上位にある学校の方針のことで、それぞれのフォルケホイ

スコーレが最も重要な価値を置く理念と考えて良い。この基本価値は、各学校が設定し、学則に明記することがフォルケホイスコーレ法によって義務付けられている。基本価値の記述の内容やスタイルは各学校によって異なっており、学校の教育観のような抽象度の高い記述から、学生に期待する資質や能力のような具体的な記述で示されている事例もある。

　2017年に、フォルケホイスコーレ全68校（当時）の基本価値を調査し、それぞれの記述に共通に用いられている用語の分析を行なった。それによると、基本価値の中に「生、あるいは、生きること」という語が使われている学校は全体のうちの79.4％で、「共同体」は54.4％、「民主主義、または、民主的」と「責任」はともに51.1％の学校の基本価値の中で使われていた 。このことが示すのは、それぞれのフォルケホイスコーレはタイプも学習内容も多様な中にあって、8割近い学校がその教育や活動を通じて、学生が生きることやいかに生きるかについて考え、行動していくことに重要な価値を置いていることである。これは「共同体」と「民主主義」「責任」についても同様である。学校での教育・学習や生活全般を通じて、共同性や共生の意識を高め、民主主義の考えと行動を身につけ、そして責任を自覚するということが、すべてのフォルケホイスコーレに通底する価値となっている。

　そして、また、フォルケホイスコーレは民主主義教育の場と言われるが、この調査は、改めてそれを示す結果にもなった。175年以上前にデンマークの民主化への流れの中で構想され、設置されたフォルケホイスコーレの民主主義の普及と啓発の理念は、時代を通じて一貫した基本価値として現在も脈々と生き続いている。このことは、私が考えるフォルケホイスコーレの最大の魅力である。

4．フォルケホイスコーレと日本の関わり

　フォルケホイスコーレは、その独特な教育やデンマーク社会の形成に果たした役割が諸外国からも注目され、19世紀末以降、スウェーデンやノルウェーなどの他の北欧諸国に広がっている。遠く日本には、20世紀初頭にその情報がもたらされ、1915年に地方自治の振興を図る中堅的人

材の養成を目的に設立された山形県立自治講習所（山形市）が、デンマークのフォルケホイスコーレを模範とした日本版フォルケホイスコーレの第一号となった。その後、大正から昭和初期にかけて、国内の数カ所に「国民高等学校」という名称で設立されたこともあったが、これらは第二次世界大戦敗戦以降には途絶えることとなった。

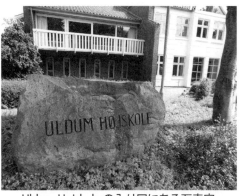

Uldum Højskole の入り口にある石表字。

(Photo by Yoshihiko Hara)

　一方、日本では、敗戦後の 1946 年、新生日本の建設に向けて、地域の総合的な施設として公民館の設置が始まる。これを促進した一つである寺中作雄著『公民館の建設』（1946、公民館協会）では、公民館を作る必要を説く中で、逆境から復活したデンマークを引き合いに出し、フォルケホイスコーレの教育がその大きな牽引役を果たしたことが述べられている。戦後の日本では、デンマークの戦後復興の事例が多方面において紹介され、また引用されてはいるが、時空を超えて、フォルケホイスコーレが日本の教育にも影響を及ぼしていることは興味深く、研究テーマとして大いなる魅力を感じている。

（はら　よしひこ）

1) https://ffd.dk/kommunikation/statistik-og-analyse/antal-hoejskoler （2021 年 8 月 20 日参照）

2) 高齢者ホイスコーレでは長期コースはほとんど見られず、年間を通じて、短期コースが開設されている。

3) 拙稿「フォルケホイスコーレの基本価値の類型化と自己評価」『秋田大学教育文化学部教育実践研究紀要』第 41 号、2019、pp.89-90.

4) 村井誠人「『外に失いしものを、内にて取り戻さん』考－我が国におけるデンマーク紹介の常套句が固定的に使われることを考える」『早稲田大学大学院文学研究科紀要第 4 分冊，日本史東洋史西洋史考古学』56,pp.105-107.

第2章

お薦め Folkehøjskole 20校

Find din Folkehøjskole

2021年3月現在、デンマークには75校の folkehøjskole があります。ここでは、皆さんが実りある留学ができそうな folkehøjskole 20校を選びました。以下の選んだ条件は3つです。また20校を紹介した後に、20校も含めたFH全75校も簡単な説明を加えて紹介しました。あなたの望む学校を見つける参考になれば幸いです。

① これまで日本人留学生が比較的多く、学校も日本人学生の特性をよく理解している。

　　語学力向上や日本社会の日常をしばらく離れたいために、日本人がいる学校を嫌がる人もいます。しかし学校が日本人を受け入れに慣れている事とか、言葉の通じにくい留学生活で悩みや問題を抱えたとき、日本語でグチをこぼせる相手がいるのはありがたいことです。いつも日本人でかたまるのは良くないですが、だからといって folkehøjskole という同じ屋根の下（コミュティ）で日本人を排除するような態度をとるのは folkehøjskole 的ではありません。要はあなたの次第だと思います。

　　学校は意外に各国留学生の情報を集積しています。日本人にはどういう接し方、説明の仕方をしたらよいかよく知っています。それはこちらとしては留学生活の安心感に繋がることだと思います。

② 英語で授業を受けられるコースや授業、また英語で説明してくれる環境がある。

　　そもそもFHはデンマーク人のための学校です。授業は基本的にデンマーク語です。しかしデンマーク人の青少年の世界の人々と交流する目的のあるFHでは、非デンマーク語話者のためのコースを設けていたり、あるいはデンマーク語ができなくとも授業についてゆける環境を作っています。現状で授業も日常生活も英語で通せる学校は、Den Internationale Højskole（International People's College、略称IPC）だけです。しかしIPCは語学学校ではありませんから、英会話クラスなどというのはありません。IPCは英語がよく出来ることを前提で入学するFHであり、片言の英語では授業にはついて行けないと思います。

③外国人のためにデンマーク語のコースがある。

　留学は留学するFHだけで完結するものではありません。FHは地域と非常に密着しており、地域住民も何かと出入りします。彼らは珍しい日本人に対しては、デンマーク語で話しかけてきます。その時少しでもデンマーク語できれば、交流できますし、あなたがデンマーク語を少しで話せば親しみをもってくれるはずです。日本語を一所懸命話す外国人に対し、親しみを感じることと同じです。実際近所のデンマーク人家族の声をかけられて、家に招かれた留学生もいます。それは学校だけにいては得られない留学の実りです。

　さて、デンマーク国民高等学校協会はFHを7つのタイプに分けています。
　A.　人文・教養・グロンドヴィ思想を学ぶFH
　B.　専門科目に特化したFH
　C.　体育・スポーツ専門のFH
　D.　キリスト教系のFH
　E.　ライフスタイル・健康を学ぶFH
　F.　シニア向けFH
　G.　ユース（17歳半〜19歳）向けのFH
　ワーキングホリデー制度を利用してFHで学びたいと考えているかもしれませんが、留学ビザでしか留学できない学校もあるの注意してください。ワーホリ査証で留学できるかどうか、学校に確認することをお勧めします。

　ご注意:本文中に書かれた情報は科目、学費等は2021年12月までに確認したもので、変更されている可能性があります。ご自身で各校のホームページで最新情報を確認してください。

お薦め Folkehøjskole 20校

1. Askov Højskole

アスコウ　ホイスコーレ

- homepage：https://www.askov-hojskole.dk/
- mail：info@askov-hojskole.dk address：6600 Vejen

☎ 76 96 18 00　　タイプ　A　　定員　100名

　1865年開校だから150年以上の歴史をもつ、古い folkehøjskoleの１つ。デンマークで最初の folkehøjskoleの発展型校と位置づけられ、優秀な教師が集結した。初代校長は、ルーヴィ・シュローザー（Ludvig Schrøder：1836〜1908）。

　開校当初の学生は農業従事者が多かったが、だんだんと一般の若者達も集まるようになった。1878年に教育内容を刷新し、物理や科学を科目に加え、「実験」まで行った。実験授業は当時としては画期的なことだった。Askovには優秀な教師が集まってきた。そのうちの一人は、デンマークで最初に風力発電タービンを考えた Poul la Cour（ポール・ラ・クーア、1846〜1906、物理学者）であった。

　本校に身を置いてみればわかるが、folkehøjskoleながら、伝統もあり講師らの矜持もあるのか学舎には大学のようなアカデミックな雰囲気が漂う。伝統的な folkehøjskoleの空気を感じつつ、現代的な学校生活を送ることができる。folkehøjskoleそのものに興味ある人には、留学先候補として外せない学校である。

　本校はグロンドヴィ思想の実践の場として認識され、民主主義社会を推進するfolkehøjskoleのフラッグシップ校として認知されてきた。同校の図書館は時間をかけて作られ、グロンドヴィや文学関連の文献が多数所蔵されている。またデンマークの国民的歌手キム・ラーセンを始め、多数のデンマークの著名人がここに滞在して学んでいたこともよく知られている。

　外国人にはデンマーク語と文化（DANISH LANGUAGE AND CULTURE）のクラスが用意されている。また毎月デンマークの著名人

1902年冬の終わり頃の、Askov højskole。壇上の机に寄りかかっているのがルーヴィ・シュローザー。対話の熱気が伝わってくる。

の講演や音楽家、バンドのコンサートが開かれる。食事については、ベジタリアン、ビーガンに十分配慮していることをホームページで強くアピールしている。

　因みに同校には 1925年、ノーベル賞候補にも上がったキリスト教社会運動家、賀川豊彦（1888～1960）が訪れ宿泊もしている。その時の様子は『雲水遍路』（大正 15年刊）の「デンマークの印象」の項で詳細に書かれている。賀川は友人に宛てた手紙形式の文章を綴り、「S兄、農村を改良するのには、矢張、グルンドウヰヒ流にやらなくちゃいけないと思います。つまり私の云ふのは、土から生えねばならぬということです。私は、日本に於ても、ロシアやドイツの真似をしないで、デンマーク流に、農村における精神的改造から、初めねばならないのではないかと思います」と記している。賀川はアスコウ他のfolkehøjskoleを訪問して回り、感銘を受け「folkehøjskoleの日本での展開を強く決意」し、それは「農民福音学校」として実を結んでいる

主要科目：ジャーナリズム、文学、映画制作、ゲームデザイン、ロボット＆ヴァーチャルリアリティ、デンマーク語とデンマーク文化。

学費：170kr./週（秋 17週、春 24週）、原則、教材費、研修旅費も含む、登録料：2000kr、他コースは 1782kr～ 1800kr/週。

アクセス：Copenhagen→ Fredericia駅下車→ローカル線に（Esbjerg駅行き）乗り換え→ Brørup駅下車→バス（Vejen行き）に乗り換え→ Askov下車→徒歩 2分→学校。所要時間: 3.5時間

ポール・ラ・クーア（1846～1908）。物理学者。Askov Højskole教師。教える事に長けた教師であったと伝えられている。写真下はクーアが考案し、アスコウに立てた風力発電用風車の前に立つクーア。現在アスコウには彼の博物館がある。

- homepage: https://bornholmshojskole.dk/
- mail: kontor@bornholmshojskole.dk　　address:3720 Aakirkeby

☎ 56 97 40 77　　タイプ　A　　定員　60名

　1895年の開校。「バルト海の宝石」とも言われるボーンホルム島にある学校。島はこの上なく美しい自然に恵まれており、昔、新婚旅行の定番だったとも聞いている。風光明媚なことは同島を舞台にしたデンマーク映画「ペレ」（1987年、監督ビレ・アウグスト）を見てもらえばわかる。

　デンマーク本土からは地続きではないので、フェリーか飛行機で島に渡らなければならない。島に着いても学校までの交通手段はなく、学校に事前に連絡して迎えに来てもらうことになる。学校生活が始まれば、島の外に出るのは容易ではないので、都会の喧噪や便利さが好きな人にとっては、つらいこともあるかもしれない。コンビニなどもちろんない。そんな不便なロケーションにあるのだが、日本女性に人気が高く日本人留学生は毎期いる。

　芸術志向の学校である。folkehøjskoleに興味があり、主要科目にあるような創作活動、芸術活動に没頭したいと言う人にはお勧めしたい学校だ。もちろん物作りに少し手を染めてみたい程度の動機でもかまわないのだが、そういう人は周りのレベルや志の高さに圧倒されてしまわない

ように自分自身の取り組み方を見つけると良い。しかし少しだけ創作活動を囓って見たい程度の動機で、この学校にお金と時間をかけて学びに行くのはもったいない気がする。

　デンマーク人学生は高校をでたばかりの若者達が中心だが、平均年齢はやや高い。高齢者向けの短期コースが多く用意されているためか、落ち着いた感じがある。本校で学べる科目に興味があるなら、20代後半以上の人には最適だと思う。英語でも応対してくれるが、かゆいところに手が届くような教え方は期待できない。ただしデンマーク語のクラスが用意されているので、ワーホリ査証でも入学が可能である（要確認）。またボーンホルムの自然環境を利用した学びや体験を促す短期コースが本校ではたくさん用意されている。

　日本にもファンが多い「特捜部Q」（ユッシ・エーズラ・オールスン著）シリーズの1つ『吊された少女』はボーンホルム島が舞台になっている。17年前のひき逃げ事件に端を発するミステリー。そもそもあの長閑な島で引き逃げなんてあるとも思えないのだが、留学時に持参して余暇に読んでみるのもいいかもしれない。

主要科目：陶芸、絵画、デザイン、装飾細工、ガラス工芸、があり、それらを組み合わせで学んでゆく。デンマーク語レッスンは週に2回ほどある。

学費：1450kr./週（秋 15週、春 23週）、教材費：別途、研修旅行費：3500kr、登録料：1000 kr　定員：60名

アクセス：Copenhagen→徒歩で Bernstorffsgadeバス（Ystad港）乗り場へ→フェリーに乗り換え→ Rønne港。所要時間：約 5時間

　　※コペンハーゲンから鉄道でも行けるがバスを選ぶ方がラク。学期初めなら学校が Rønne港までバスで迎えに来てくれる（要、事前連絡）。

3. Brenderup Højskole
ブラネロプ ホイスコーレ

・homepage: https://www.brenderuphojskole.com/
・mail: kontor@brenderuphojskole.dk　　address: 5464 Brenderup Fyn
☎ 64 44 24 14　　タイプ　A　　定員　50名

フュン島北部にあるこじんまりしたfolkehøjskoleである。

本校の前身は「北欧平和学校」と名付けられた平和教育を中心とした学校だった。

1986年にBrenderup højskoleとなった。当初は、デンマーク人学生が主で、音楽、絵画、心理学、演劇など、どちらかと言えば芸術系の科目が多かった。

現在、本校が掲げる標語は「異文化との出逢い」。異文化交流、国際交流に力点を置いた学校に変わり、外国人留学生を積極的に受け入れている。定員は50人。施設規模もそう大きくはないので、デンマーク人学生、他国の学生との距離も縮めやすいだろう。

外国人留学生は「デンマーク語＆デンマーク文化」のコースで対応している。2カ月毎に教える科目が変わるので、それに合わせて自分が受けたい科目を選び時間割を組んでいく。

入学時期は、秋は8月半ば（18週）と9月半ば（14週）、春は1月（24週）と3月（14週）を設けている。12週間の滞在も可能で滞在許可が必要ない期間（90日以内）で、留学をしたい人には最適と思う。但し、学費がやや上がる。また 12週滞在の場合は研修旅行に参加することができない。入学時期が合わなければ相談してずらすこともできる。ただすべて自分の都合に合わせて、自由に滞在期間を決められるということではない。

他のfolkehøjskoleにはないこの学校の特色として本校滞在後、欧州圏内でのボランティア活動先を紹介してくれるというのがある。本校の学期を終えたのち、欧州のどこかで半年もしくは 1年間のボランティア活動先を見つける手助けする（斡旋でない）、というものだ。学生は労働力を提供する見返りとして旅行、保険、食事、宿泊そしてさらには小遣いと経費が賄われる。農業、環境、リサイクルプロジェクトなどでの活動。社会的に恵まれないグループの活性化の手伝い。子供や若い人たちのためのレジャーや休日の活動の手伝い。ただし人数が限られているので早めに登録しなければならない。軽い気持ちで応募できる内容ではないと思う。語学力や査証の問題もあるので、留学前に真剣かつ慎重に学校と相談することが必要。

　本校は様々なデンマークの社会資本施設（保育園、障がい者及び高齢者施設等）と協力関係を結び、学習内容に活かしている。2021年 3月には日本の敬和学園大学（新潟県新発田市）と協定を結んだ。そのためごく最近本格的な日本語のホームページも立ち上げた。そこには「日本の教育機関や企業との協力では、現在、日本の大学機関と協力パートナーとして協定を結び、オンラインによる講義授業を実施しています」とある。

主要科目：国際理解、芸術＆手仕事、ワールドミュージック、持続可能社会、園芸、スポーツ＆アウトドア、デザイン、リサイクル、デンマーク語＆デンマーク文化

学費：1190 kr/週（秋 19週、春 24週）、教材費：基本的なものは学費に含まれる、研修旅行費: 3200kr〜 4000kr、登録料: 1850k

アクセス：Copenhagen中央駅（鉄道）→ Odense駅（乗り換え）→ Ejby駅（乗り換え）→バス→Branderup Højskole下車／所要時間: 約3.5時間

4. Den Europæiske Filmhøjskole

デン ヨーロペィスケ フイルムホイスコーレ

- homepage: http://www.europeanfilmcollege.com
- mail: info@europeanfilmcollege.com   address: 8400 Ebeltoft
☎ 86 34 00 55   タイプ B   定員 120名

1993年開校の公立folkehøjskole。欧州でも信頼の高い「本格的な映画学校」と言っても過言ではなく、世界中から映像制作を夢見る学生が集まる。その専門性の高さから、他のfolkehøjskoleとは一線を画す。

　脚本、映画、音声、演技、演劇、演出、編集、ドキュメンタリー、制作、映画に関わる基本的な技術を徹底的に学ぶ8ヶ月半の基礎プログラムを提供している。

　モダンで斬新な建物の中には、映画制作と学生のモチベーションに寄り添う施設がすべてそろっている。ユラン半島の北部の風光明媚な港街エーベルトフト（Ebeltoft）にあり、毎年世界中から100名以上の若者が集結し、映像の世界へ巣立ってゆく。授業は英語で行われる。

　本校の留学経験者によれば「日本の映画学校で3年間かけて学ぶ内容を約9カ月弱の間で終わらせる内容」だというから、かなり多忙な学校と予想がつく。

　学校自体で番組制作を請け負うこともあり、実践的な授業が繰り返される。授業や映像制作現場では、他国の生徒と常に議論が絶えない日常になると思うので十分な語学力は欠かせない。日本と違って授業は教師が一方的に教えるのではなく、自分で考えて動かなければならない。英会話

は大げさでなく「一を聞いて十を知る」程度の実力は必要だろう。自分で製作した映画を各国のコンペティションに出品する手順も教えてくれるという。デンマーク人学生と外国人学生が半々。費用は他のfolkehøjskoleと比べると高いが教育内容、設備などを考えると適正だろう。

　寄宿制だから宿泊、食事に心配がない。考えようによっては日本の映画学校に通学するより安上がりかもしれない。いずれにしても語学力（英語）は必須。言葉ができなくともなんとかなる、が通用しない学校。本気で映画をやりたい人の学校である。

　5月〜8月にかけて、専門家向けのセミナーも開催され、7月の夏期休暇中には、映画、映像に関心のあるすべての関係者を対象としたサマーコースも開催されている。

　本校のある街、エーベルトフトは、デンマーク観光の穴場的存在。こじんまりしていて古い家屋も多く、Hyggeな町並みは時間を忘れて楽しめる。リゾート地でもあり、食に興味のある人には思い出に残る食事ができるだろう。小さなパン屋で売られるケーキも美味しさは、唯一無二。何度も来たいと思う。それ故、エーベルトフトでは、嫌な思い出は作りたくない。

主要科目：映像、映画製作全般

学費：2600kr/週（全 34週、総額 95400kr）、教材費: 5000k、研修旅費: 学費に含まれる、登録料: 2000kr

アクセス：Copenhagen中央駅（鉄道）→ Aahus駅（乗り換え）→バス → Rønde バスターミナル（乗り換え）→バス→ Skanseparken→学校／所要時間: 約 5.5時間

5. Den Internationale Højskole

デン インタナショナーレ ホイスコーレ

- homepage: http://www.ipc.dk/
- mail: ipc@ipc.dk　　address: 3000 Helsingør

☎ 49 21 33 61　　タイプ　**A**　　定員　105名

第一次世界大戦後の1921年に、教育者、平和主義者Peter Manniche博士（1889〜1981）が、平和と理想を希求する若者たちのための学校として開校した。2021年には100周年を迎える。博士の広範な平和活動の結果、本校は「平和の使者」と認識されている。International People's College（略称IPC）、平和主義者だったManniche博士の思いが込められた名称である。

folkehøjskoleの中で唯一、授業も日常生活も英語主体の学校である。科目は40種類ほどあり、それらのを組み合わせて1週間分の自分用の時間割を作る。但し期間や参加者数、講師調達の都合などで開講されない場合もある。日本人留学生の関心が高い、教育問題、環境問題、貧困問題、フェミニズム、ジェンダーの他、最近は英語力をブラッシュアップを目指したような「アカデミック英語」のクラス、や3段階に分けた「英会話」クラスも用意されている、デンマーク語クラスもある。

　世界各国から生徒が集結するから各々がフラットな関係の異文化交流も自然に経験することができる。ただ本校での留学を実り豊かなものするためには、コミュニケーションに困らない英会話力は必須である。今も30カ国以上から学生が集結しており、まさに Internationalな学校となっている。

　IPCでの生活は文字通り「英語漬け」の毎日になるから、学期終了後、

英会話力は確実に伸びている（はず）。しかしそれも基礎会話力があってのこと。英語で誰かとやりとりした経験があまりないという人は、めざましい語学力の伸長は容易ではないだろう。オープンマインドで積極的に他学生と英語で語り合うことも大切で、授業では何事につけ「意見を言う」姿勢でいることが大事。様々な事情や社会的背景や体験をもって同校に集まる学生たちの交流は、日本社会にいては、なかなか経験のできないことだ。

　本校では英語に自信がない人には、本コース開講前の3週間の「Summer School: English Language, Danish Culture and Society」への参加を勧めている。実はこのサマーコースのレベルは日本人にはややハードルが高いが、集中的に英語力を鍛えられるし、デンマークの文化・社会についての知識も得られる。また、3週間という期間は、これから本格的に始まる学校での寄宿生活へのソフトランディングになると思う。他の学校にいくことを考えていて、集中的に英語力の伸張を望む人には、お勧めの短期コースだ。

　本校は、コペンハーゲンから鉄道で1時間ほどで行ける港町ヘルシンガー（Helsingør）市にある。ヘルシンガーはシェークスピア演劇「ハムレット」の舞台となった「クロンボー城」で有名だ。ヘルシンガーの対岸はスウェーデン。昔は冬になると海が凍り、対岸まで歩けた。

　本校のエントリーは他校と少し違うので説明しておく。

【IPCへのエントリー】
1. ①学校を選んだ理由、②自分の人柄と関心事、③学校での体験を将来どう役立てるかの3項目ついてのエッセイを英語200〜300語の範囲で書いておく。
2. オンラインでエントリーシートに所定事項を書き込み、1. で書いたエッセイをエントリーフォームの指定箇所にコピー＆ペースト。そして「送信」をクリック。
3. すると自分が書いた願書と宣誓書がPDFになって画面にでるのでプリントアウトし署名する。
4. 署名した願書、宣誓書、パスポートの写真のあるページのコピー、以上3点をPDF化して添付し学校にメールで送ります。

昔は、席さえあれば入学ができたが、現在はエッセイを見たうえで入学が許可される。入学が認められないケースもある。

　さて本校のある町ヘルシンガーには、ハムレット（シェークスピア劇）の舞台となったクロンボー城があるので、シーズンには、街は観光客で溢れる。観光客が余り来ない時期を見計らい、余暇を使って城を一度は見学しておきたい。非常に広いので、時間がたっぷりあるときに行くと良い。学生だから料金は少し安いはず。夏には、同城で「ハムレット」が上演される。城に入る手前にアイスクリームなど食べさせるテーブル席もある売店がある。そこで食べているとスズメが寄って来るのだが、エサを豊富に食べているせいか肥満気味なのが面白い。

主要科目 ：アカデミック英語 1・2、アフリカ研究、アフリカンドラムとダンス、建築とデザイン、美術工芸、バンド演奏、コーラス、コロンビア研究、紛争問題、文章講座、デンマーク語 1・2、ディベートクラブ、開発マネージメント、環境に優しい DIY、ドラマ、教育と教育学、英語 1、2、3、起業精神—変える、環境学、欧州研究—欧州を理解する、フェミニズム、性別とセクシュアリティ、グローバルな課題、グリーンアクティビズム、経験学、人権、Iクラス; 異文化間交流、国際関係、政治、組織、ライフスキル（実生活入門）、中東研究、映画製作、音楽革命、アウトドアとチームビルディング、平和研究写真、移住研究 -人、移動、移住、政治哲学、宗教と文化、自己啓発、マインド・ザ・ハート、Speak Out IPC – TEDトークを考える、スポーツ、持続可能な栽園、ボードゲーム、（非）暴力の理論、人生と都市、私たちと彼ら、いい結果になる、ワールドシネマ、ワールドストーリーテリング、ヨガ、青少年学

学費 ：約 1500kr/週（秋 18週）・1625kr（春 24週）、滞在許可不用の 12週もある。教材費: 不明、研修旅費: 別途、登録料: 1100kr

アクセス ：Copenhagen中央駅（鉄道）→ Helsingør駅（乗り換え）→バス→ Kircksvej下車徒歩 6分→学校／所要時間: 約 1時間

6. Den Skandinaviske Designhøjskole
デン スカンディナアヴィスケ　デザインホイスコーレ

- homepage: http://www.designhojskolen.dk/
- mail: info@designhojskolen.dk　　　address: 8960 Randers SØ
- ☎ 86 44 80 44　　(タイプ)　B　　(定員)　70名

　日本人が毎年複数人留学している著名なデザイン専門のfolkehøjskole。通称 DSDH。授業の主言語はデンマーク語だ。デンマークやEU圏、アメリカの美大を目指す18歳〜20歳前半のデンマーク人学生が多い。

　グラフィック、モード＆テキスタイル、建築＆都市デザイン、家具＆プロダクトデザインのコースがメイン。美大進学のためのポートフォリオの書き方なども教えてくれる。

　デザインの基礎の知識とスキルを教える学校だから、日本ですでに美大や専門学校を出た人やすでにデザインで生計をたてている人が、スキルアップやキャリアアップを目的に本校を選ぶのは薦められない。ただこのデザイン学校の日常生活やデザイナーを目指す学生や教師らとの対話・交流から、北欧人のデザインへのアプローチや発想を学ぶことが目的なら留学してもよいと思う。学校の科目が許す範囲内で、自ら課題を課して学ぶこともできる。

　授業はデンマーク語だが、英語ができれば入学は認められる。英語力を確認するために、スカイプによるインタビューが義務づけられている。

　デザインの学習経験がなくとも入学OKなのだが、言葉で苦労するよう

な状況だと学習の質は下がると思う。日本のデザイン専門学校の2年か3年分を10カ月間で詰め込むという面もあるようなので、デザイン学習未経験で留学を希望する人は言葉の壁を乗り越える努力が必須となる。

　専門性が色濃い分、他の学校より学費が高い。入学時には、ポートフォリオを求められる。また機材やパソコンなどを使用するので、他人のPCに損害を与えたりケガをさせたりする可能性があるためか、入学前の任意保険の加入は必須のようだ。

主要科目：ヴィジュアルコミュニケーション、モード＆テキスタイル、建築＆街デザイン、家具＆プロダクトデザイン。

学費：1900kr/週（春24週、秋20週）、研修旅費：秋1750kr、春4500kr、登録料：2000kr、他、鍵代預かり金：300kr（退校時に返金）

アクセス：Copenhagen中央駅（鉄道）→ Randers駅（乗り換え）→バス→ Clausholmvej 下車徒歩15分→学校／所要時間：約4.5時間※週末はバスがほとんど運行していないので注意。

7. Egmont Højskolen

エグモント　ホイスコーレン

- homepage: https://www.egmont-hs.dk/
- mail: @egmont-hs.dk　　　address: 8300 Odder

☎ 87 81 79 00　　(タイプ)　A　　(定員)　200名

　障がい者と健常者が助け合いながら一緒に学ぶfolkehøjskole。日本でもよく知られたfolkehøjskoleで、日本からの留学生も多い。ネットで「エグモント留学」と入れて検索をかければ、たくさんの留学報告がでてくる。玉石混交だが、読んでみれば本校の留学生活が想像できる。

　バリアフリーが行き届いているから障がい者も留学が可能。定員は200名と規模が大きい。独自プール、造船所など他のfolkehøjskoleにはない設備も所有する学校だ。しかし大所帯ゆえ、大人数の寄宿生活に馴染めない人には、不向きだろう。

　様々な障害をもった学生がいるが、みんなフツーに本校で学生生活を送っている現実をみて考えることは多い。本校で、デンマークの障がい者達の様々な「当たり前」みると、日本の障がい者を取り巻く社会的環境の相対的な貧しさ、あるいは障がい者そのものについて深く考える機会になるはずだ。この学校に身を置いてみると、健常者と障がい者の境目がわからなくなってくる。

　デンマークの社会福祉の概要は、ここで実体験も含めて学ぶことができる。いい意味で「障害者慣れ」するはずだ。デンマークの福祉を体験、

体感するならこの学校以上のところはない。また、日本人が本校の職員として働いているので、留学への安心感につながるだろう。

　外国人留学生は、①インターナショナルコースか、②一般コースを選ぶ。①では、デンマーク文化と政治、EUの政治、社会福祉、コミュニケーション、組織作り、デンマーク語、英語などを様々に国からきた学生とともに学ぶ。学習は学校内だけにとどまらず、他の学校や地域を訪問する機会もある。

　②は、デンマーク学生と一緒に学ぶ。スポーツ、アウトドア、映画制作、コンピュータグラフィック、写真、陶芸、ガラスアート、絵画、リズミカルな音楽、そして聖歌隊など、活発で創造的な科目が目白押し。授業の多くは、教師がフェイストゥーフェイスで英語で教えてくれる。多くの学習はデンマーク語で行われるが、英語でも伝えられる。英語だけでなく、デンマーク語の事前学習は必須だ。

　また本校生徒は毎年春頃、日本への研修旅行をしていて、毎年各地で日本人らと交流会を開いている。

※「私の留学体験」128p参照

[主要科目]：「自己啓発の部屋」「音楽の部屋」「スポーツ＆モーションの部屋」、「芸術＆デザインの部屋」のコースに分けられて様々な授業を受ける。

[学費]：1800 kr/週(秋 19週、春 23週)、教材費: 不明、研修旅行費: 不明、登録料: 1500kr、定員: 200名

[アクセス]：Copenhagen中央駅(鉄道)→ Skanderborg.駅(乗り換え)Odderターミナル行きバス→ Skovbakkeskolen 下車(乗り換え) Parkvejens Skole行きバス→ Hasselvej下車→徒歩 6分→学校／所要時間: 約 5時間

8. Engelsholm Højskole

エンゲレスホルム ホイスコーレ

・homepage: https://www.engelsholm.dk/
・mail: engelsholm@engelsholm.dk　　　address: 7182 Bredsten

☎ 75 88 35 55　　　タイプ　　B　　　定員　　80名

　デンマークの若者達に人気のある芸術、音楽、そしてデザインの基礎をきちんと学べる学校である。

　開校は1940年。1593年に建てられたバロック様式のエンゲルスホルム城を校舎にしたので「お城の学校」として知られている。最寄りのバス亭を下りて、森を木立の中を歩いて行くと校舎（城）が見えてくる。最初に校舎の前に立ったときは欧州の中世期に迷い込んだかのような錯覚にとらわれるに違いない。静謐感の溢れた環境は、時を忘れて創作活動に打ち込むには最適だ。学生の才能とポテンシャルを引き出す環境は整っている。加えて本校では頻繁に、外部講師を招いての講演会、プロの音楽家によるコンサートを開催している。

　本校のホームページを開けると、髭を生やした男性の映像が流れる。本校のヤコブ・ボネロプ校長であり、電子音楽のプロミュージシャンでもある。一流の芸術家や音楽家の指導を受けられる本校の6月〜7月に掛

けての短期コースのラインナップも、内容が充実していて、素晴らしい。昔は手芸も教えていたようだ。入学決定前、スカイプでのインタビューがある。

　レゴンランド（レゴブロックで創られた遊園地）のあるBillundへは学校からバスで40分ほどである。ディズニーランドのようなド派手な仕掛けはないけれど、楽しく過ごせるアミューズメント施設である。これがレゴブロックで出来ているのかと、心から感心する作品もある。レゴランドは、やはり家族向け。ほんとうに「子供だまし」のアトラクションがあって、それがまた楽しい。

エンゲレスホルムの絵画コース

主要科目：写真、電子音楽、作曲、オーディオビジュアル、絵画、装飾デザイン、陶芸・ガラス

学費：1600kr/週（12週）、1400kr（14週〜42週）、教材費：150kr〜300kr（選択科目次第）、研修費旅費：4500kr〜7000kr（研修先次第）登録料：300kr、定員：80名

アクセス：Copenhagen中央駅（鉄道）→ Vejle駅（乗り換え）→バス Billund飛行場行き→ Engelsholmvej下車→徒歩25分→学校／所要時間：約4時間

9. Gymnastikhøjskolen i Ollerup
ギュムナスティックホイスコーレン イ オレロプ

- homepage: http://www.ollerup.dk/
- mail: info@ollerup.dk   address: 5762 Vester Skerninge
- ☎ 62 24 12 30   タイプ C   定員 240名

1920年、ニルス・ブック（1880〜1950）により開校された。「1人のオリンピック選手より99人の健康で頑丈な身体をつくる」というのが、この学校のモットー。

2020年に開校100周年を迎えたデンマークでもっとも古い体育専門の folkehøjskole。

大所帯の学校で定員は240名。folkehøjskoleの中でも、デンマーク人に一番の人気を誇り、240名を満たすことはよくある。多くはデンマークの高校を卒業したばかりの健康な男女が集結するから、学校はものすごい熱気に包まれる。その大人数を捌く、ファシリティと日常のフォーメーションは素晴らしい。

体育館 3つ。そのうちの一つはサッカー場の広さがある、サッカーができる運動場が2面、屋内と屋外にプールがある。身体を鍛える施設の規模は日本の体育大学に匹敵する。250名以上の生徒と教師が、一斉に食事を始める光景は壮観である。

外国人留学生は自動的に国際コースに所属し、授業は英語で行われる。本校の名は世界的に轟いており、世界中から体育人が集結する。独自の体育指導者修了証をだしており、同校修了後、地域の体育指導者として活躍している者もいる。

日本との交流も深く、戦前から「エリートチーム」と呼ばれる体操チー

ムが戦前戦後を通じて来日し、日本各地で体操パフォーマンスを披露、日本の体育関係者に多大な影響を与えている。玉川学園、自由学園、日本体育大学、鹿屋体育大学等、多くの日本の学校との交流が続いている。またこの学校で生まれた体操が、日本の「ラジオ体操」のエクササイズの基になっていることは、有名な話だ。近年はパルクールを習うため留学する日本人留学生もいる。

主要科目：パルクール＆フリーランニング、ダンス、フィットネス ＆健康、リズム体操、チーム体操、器械体操

学費：1495kr/週（秋 18週、春 24週）、教材費: 秋 2400kr、春 3550kr、研修費旅費: 秋 3500kr、春 4500kr、入学金: 1500kr、定員: 240名

アクセス：Copenhagen中央駅（鉄道）→ Nyborg 駅（乗り換え）→ バス Faaborg行き→ Ollerup Højskole 下車→徒歩 3分→学校／所要時間:約 3.5時間　※バスによっては乗り換えが必要になる。

10. Idrætshøjskolen Bosei

イデラッツホイスコーレン ボウセイ

・homepage: https://www.bosei.dk/
・mail: info@bosei.dk　　　address: 4720 Præstø

☎ 55 90 90 90　　　(タイプ)　C　　　(定員)　90名

　2009年秋に開校した本校は、コペンハーゲンから車で、約1時間ほど南に行ったPræstø（プレストゥ）という町にある。

　もともとは欧州に暮らす日本人子弟を対象にした「東海大学付属デンマーク校」だった。当時の施設を受け継いでいるので、畳の部屋や道場などがある。

　体育系の学校だが、文化的な学びもあり、folkehøjskoleでは珍しい日本語、韓国語を学ぶ事もできる。また英会話の授業も選択科目としてある。ホームページに「日本からの学生の皆さんは、武道（柔道・テコンドー・空手）または体育一般を主専攻として、その他、異文化コミュニケーションやアウトドア、哲学、メディテーション等の選択科目を学びます」とある。

　日本語が話せるデンマーク人教師がいるのは、英会話にまだ自信がない人には安心材料だろう。もちろんデンマークの文化社会について学ぶ機会も用意されている。どうしても格闘技系スポーツに馴染めないのなら「フィットネス」コースを選択することもできる。

　特色として記しておきたいのは本校はfolkehøjskoleの中で「E-sport」を科目として導入している学校であるということ。教師は元プロでテクニックはもちろん、「自分のゲームでの判断の善し悪しを理論的に説明してくれるところがいい（留学中の日本人学生の話）」という。

本校生徒は毎年日本に研修旅行で来日し、東海大学などで日本人学生と交流している。

e-sport専用の教室

主要科目：格闘技(柔道、テコンドー)、球技、フィットネス、e-スポーツ、アウトドア、日本語、韓国語。

学費：1549kr/週(秋 19週、春 24週)、教材費：1000kr、研修旅費：3500kr、登録料：1000kr

アクセス：Copenhagen中央駅(鉄道) → Køge駅(乗り換え) →バス(Præstø行き) → Evensølundvej 下車→徒歩 20分→学校／所要時間：約 2時間

11. Kalø Højskole
カルー　ホイスコーレ

- homepage: http://www.kalohojskole.dk/
- mail: mail@kalohojskole.dk　　address: 8410 Rønde
- ☎ 86 37 12 86　　タイプ　A　　定員　80名

デンマーク語をきちん
と学びたいのならこの学
校。初心者のレベルから
上級までのクラスが提供
されており、会話、発音、
文法とライティングを早
く良く学ぶことができる。
同時に、デンマークの文
化・社会、伝統、生活習

慣も学ぶ。最近は本校に留学経験ある人の積極的な日本語での紹介の影
響で、日本人留学生が非常に多くいる。

　日常生活はデンマーク語か英語になるが、留学当初は、英語での会話
が主になる。語学学校で学んでいるからといってデンマーク語がすぐに
上達するわけではないので、すすんでデンマーク人に話しかけるように
しよう。デンマーク語を学ぶ学校だから、各国からの学生も多いが、英
語ではなくできるだけデンマーク語を使ってみよう。

　本校では希望すれば、1週間に1回、職場体験（インターン）するプログ
ラムがある。学費が他校で比べると安いのも魅力だ。

　デンマーク語コースにはデンマーク人が当然少ない。アウトドアコー
スに参加するデンマーク人も、さほど多くないようだ。もちろんアウト
ドアコースへの外国人も参加は可能。内容も充実しており、カヤック、
フィッシング、狩猟などがある。本校はユラン半島の北部にあり、学校
環境は抜群で、校舎は国立公園に指定された森の中にある。また校舎
を出て庭を通り抜けて道路へ向かう階段をおりると、前面に海が開け風

力発電用風車が見える。学校は Rønde（ロンデ）と Ebeltoft（エーベルトフト）という両方の田舎町の中間にある。とくに Ebeltoft は古い港町で、晴れた日の景色が抜群。ここには授業のない週末などにでかけるには、ピッタリの所。行けば hygge な時間を過ごせるだろう。ここからフェリーでコペンハーゲンのあるシェラン島に渡ることもできる。因みに Ebeltoft には映画専門の folkehøjskole、Den Europæiske Filmhøjskole（45p）という素晴らしい学校がある。カルーには、デンマーク人学生が集まる農業学校（Kalø Økologisk Landbrugsskole：カルー・エコロジカル農業学校）が併設されているが、交流はあまりない。

※「私の留学体験」126p参照

主要科目：デンマーク語＆デンマーク文化、アウトドア、環境、自己形成。

学費：1200kr/週（秋 18週、春 24週）、教材費；不明、研修旅費：2000k〜4000kr、登録料：不明

アクセス：Copenhagen中央駅（鉄道）→ Aarhus中央駅（乗り換え）→バス（Ebeltoftバスターミナル行き）→ Kalø Økologisk Landbrugsskole下車→徒歩15分→学校／所要時間：約5時間

12. Krabbesholm Højskole
クラベスホルム　ホイスコーレ

- ・homepage: https://www.krabbesholm.dk/
- ・mail: post@krabbesholm.dk　　　address: 7800 Skive

☎ 97 52 02 27　　　タイプ　B　　　定員　115名

開校は1885年、136年の歴史を持つ学校で、ユラン半島北部のSkiveという街にある。デザインの基礎を学ぶ学校で、日本のデザインの関わる人達にはよく知られた学校である。レベルも人気も高く、充実した施設、機材、教師が

そろっており、デザイナー、建築家などを本気で目指す若いデンマーク人をはじめとして、世界各国からの生徒が入学してくる。

　実践的な授業と議論が繰り返されるために、周囲と意思疎通できる程度の語学力（デンマーク語＆英語）は必須。もちろんfolkehøjskoleだからデザインの知識はゼロでもいいのだが、北欧デザインへの漠然とした憧れだけで入学すると授業にはついていけないだろう。言葉がほんとうによくできるなら問題はないが、覚束ない語学力ではガチでデザイナーを目指す授業内容を理解するハードルは高いと考えたほうが良い。授業は基本的にデンマーク語で進められるので、できるだけデンマーク語の学習はしていった方がよい。デザインについての知識もなく、さらに語学力に自信のない人にはお勧めはできない学校だ。

　学位が取れる学校ではないので、本当にデザイナー、建築家を目指す人は、本校終了後、高等教育機関への入学を目指すべきだろう。

　日本からの留学生は、すでにデザインや建築の学位を持つ人や実際にデザイナーを職業としている人が留学することが多い。入学時に、スカイプによる英語での面接がある場合がある。

　ところで本校の一角に4つ
の箱を積み重ねたような 3階
建ての建物がある。フォー
ボックスギャラリー(Four
Boxes Gallery: 写真上) と
呼ばれ、日本の建築事務所
Atelier Bow-Wowが手がけ
た建物で、本校学生、ゲスト
アーティスト両方の作品展示
などに使用されている。

主要科目：芸術、建築、デザイン、グラフィックデザイン

学費：1975kr/週(秋 19週、春 24週)、教材費: 500-600kr/月、研修旅費:
　　　5000kr、前途金: 1200kr(うち 200krは登録料、残金は鍵代と学費に充て
　　　ん)

アクセス：Copenhagen中央駅(鉄道) → Aarhu中央駅(乗り換え /鉄道 Struer
　　　行き) → Skive駅(乗り換え) →市内バス→ Skovbakkehjemmet下車→徒
　　　歩 14分→学校／所要時間: 約 5時間

13. Løgumkloster Højskole

ローグムクロスター ホイスコーレ

・homepage: https://www.logumklosterhojskole.dk/
・mail: info@logumklosterhojskole.dk　　address: 6240 Løgumkloster
☎ 74 74 40 40　　　タイプ　A　　　定員　63名

選択科目に「ビール醸造」、「ガーデンセラピー」があるユニークな学校。南ユランの小さな町 Løgumklosterに1960年に誕生したグロンドヴィ思想を基礎にしたfolkehøjskole。経済的問題で2014年から2016年

まで閉鎖していたが、地元の強い要望で学校は再開された。そして2年前になってデンマーク国民高等学校協会のリストに再登場した。

　現在はSDGs（Sustainable Development Goals: 国連が定める持続可能な17の開発目標）にフォーカスしている。持続可能な社会が求められる時代、本校での学びでそれを実現する「希望と行動」を生み出すという。「身体、精神、コミュニティを活して、社会貢献の動機付けと自分自身のリーダーシップを育み、社会参加する最善の方法を考える」ことが目標。学生の平均年齢は23歳、外国人留学生も受け入れる。

　主コースは3つ。

①実存コース：哲学、人類学を通じて環境問題を探る

②リレーションシップコース：持続可能な開発目標と私たちの生活の関係性を探る

③リーダーシップコース：SDGsを実現してゆくためのプロジェクトの立て方やデザイン、それをマネジメントするリーダーシップを学ぶ、がある。

選択科目には、彫刻、コラージュ、水彩画、ビルドアップ、家具作り、サイクリング、毎日のパン、ビール醸造、音楽制作、コマーシャル、採って食べる、植えて育てて食べる、屋外スポーツ、マッサージ、ヨガ、セラピーガーデン、セラミック、文章教室、合唱団、絵を描く、読書欲、ゲーム、芸術理解、サルサ、モダンダンス、身体、ジェンダーとアイデンティティ、ジャーナリズムなど。

　やはりビール醸造、ガーデンセラピーはユニークで目立つ。

　インターナショナルコースもあり、北欧の文化と伝統、音楽製作、手しごと、音楽入門、サルサは英語での授業である。

　本校の自慢は施設のデザインを手がけたのが、デンマークが生んだ著名な家具デザイナー、ボーエ・モーエンセン（Børge Mogensen、1914〜1972）であるということだ。施設はすべてに堅牢な素材が使用され、建築の観点から見れば1960年代の清潔で機能的なスタイルで統一されている。

学費：費用は1560kr/週。価格には、登録料、宿泊、授業料、歌集、Tシャツ、デンマーク国内の研修旅行費が含む（国外への研修旅行は別途費用がかかる）。他に、部屋のデポジット、教材費にあてる 2000krが必要。秋期13週、春期16週と短い。ただこれから期間が延びる可能性もあるようだ。

アクセス ：Copenhagen中央駅（鉄道）→ Rødekro駅下車→バス乗り換えLøgumklosterバス停車場）→ Løgumkloster下車→徒歩 10分→学校。所用時間：約3.5時間

- homepage: http://nordfyns.nu/ja/
- mail: kontor@nordfyns.nu　　　address: 5400 Bogense
- ☎ 64 81 32 80　　(タイプ)　A　　(定員)　75名

　デンマーク第2の島、フュン島北西部の海岸沿いの町、Borgenseに学校はある。2005年の開校。2021年に新校長が着任し、2002年日韓サッカーW杯デンマーク代表だったスーパースター選手、トマス・ヘルヴェクをサッカーの指導者として招聘し話題なっている。

　開校当初から日本人の若者に人気のあるfolkehøjskoleなのだが、それには理由がある。1998年に日本人千葉忠夫氏が同じ場所でBogense Folkehøjskoleを開校した。が、翌年には残念ながら閉校した。

　しかし千葉氏は福祉畑の人で、Bogense Folkehøjskoleを畳んだあとも、同校内で日本の福祉事業関係者の研修を行い、Nordfyns Højskoleになってからは、SOSU（デンマーク語のSOcial: 社会とSUndhed: 保健の略）というコースを作り、デンマーク福祉に関心のある日本の若者達を

受け入れた。そのためか元来はオルタナティブな内容のfolkehøjskoleなのだが、日本では「デンマーク福祉を学べる学校」として知られるようになった。

　本校のホームページには日本語の詳細な案内もあり、かつ本校には日本人スタッフが、常駐している。また最近は日本の岩手県陸前高田市にあるNPO団体と協力し、岩手でコースの1つWorldCampNordfynに参加した後、陸前高田市の広田町で6週間のボランティアをするというプログラムを始めている。また2017年5月、現天皇（当時、皇太子）が本校を訪問した。

主要科目：

　　＜A群＞　　WorldCamp Nordfyn、Human and Learning, Outdoor, Sports, Self-sufficiency(自給自足)、Sosu

　　＜B群＞　　Personal Leadership、Culture Express、Practical sustainability、 Sea and kayak, Global outlook

学費：1500kr/週（秋19週、春25週）、研修旅費：4500kr、教材費：1000kr
　　　登録料：不明

アクセス：Copenhagen中央駅（鉄道）→ Odense駅（乗り換え）→バス
　　　Bogense行き→ Harritslevvej下車→徒歩8分→学校／所要時間：約3時間

15. Odder Højskole
オザー ホイスコーレ

- homepage: http://www.odderhojskole.dk/
- mail: mail@odderhojskole.dk　　　address: 8300 Odder

☎ 86 54 07 44　　タイプ　A　　定員　106名

　1889年開校。130年以上の歴史を誇る典型的なグロントヴィ思想に基づく、folkehøjskoleである。80%が英語中心の授業と説明されているが、授業をよく理解するためには、周囲とコミュニケーションがとれる程度の英会話力は必須である。「何を習えるのだろう」ではなく、「何を習おうか」という積極的な姿勢が良い学びにつながる。

　本校の主要コースは8つ。

　最近では、コンピュータスキルと食に関するコースが加わっている。そこから枝分かれして、芸術的・創造的科目を中心に約80の多彩な科目が用意され、それらを組み合わせて、1週間の自分用の時間割を作る。主要科目の選択に迷ったら「映画＆TV製作」をお勧めしたい。基礎的な内容だが、同じ内容を日本で習うとすごくお金がかかる。ランニングのテクニックを習うと格段に走り方がうまくなるというが、同じようにカメラやビデオカメラの扱いを少しでも習うと、写真やビデオの出来映えが格段に違ってくる。さらにビデオ編集や画像処理のスキルは、将来の職場で重宝がられることもあると思う。テーマを決めて写真集を作成したり、5分程度の映画を作るつもりで授業を受ければ良い。外国人には週4レッスンのデンマーク語授業が用意されているが、強制ではない。でも、あなたがデンマークとデンマーク人を理解したいと思うのなら、デンマーク語授業は受けた方がよい。また学習経験なしで現地でデンマーク語を習

うのはつらいので、日本で事前学習してくことをお勧めする。あなたが
デンマーク語を少しでも話せれば、学内だけでなく地域住民との交流
も生まれる。

　本校は100名以上の学生を収容でき、70％程度がデンマーク人、いち
ばん人数が多い日本人を含む30％が外国人だ。最近は韓国からの留学生
もいる。また本校は1999年に卒業生協会と協力して「ゴールデン・グロン
トヴィ賞」という文化賞を設立。folkehøjskoleの文化的発展に寄与した
人に対しを毎年同賞を授与している。

　※「私の留学体験」120p参照

主要科目：ジャーナリズム、映画＆テレビ制作、スポーツとフィットネス、
　　音楽・歌・ダンス、絵画＆アート、デザイン、食の学校、OH！テック

学費：1295kr/週＜旧宿舎＞、1445kr/週＜新宿舎＞（秋18週、春22週）、教材
　　費：2000kr（到着時支払い）、研修旅費：学費に含まれる、登録料：1500kr

アクセス：Copenhagen中央駅（鉄道）→ Horsens駅 →（乗り換えバス、Odder
　　Busterminal行き）→ Odder Busterminal下車→徒歩15分→学校／所要時
　　間：約4.5時間

16. Rønde Højskole
ロンゼ ホイスコーレ

・homepage: https://rondehojskole.dk/
・mail: post@rhe.dk　　address: 8410 Rønde
☎ 86 37 19 55　　タイプ　A　　定員　100名

デンマーク第2の都市オーフスからバスで北へ約30分、山がないデンマークで唯一「山の町」と呼ばれる町、Rønde（ロンゼ、人口約3000人）にある。開校から100年を過ぎた歴史ある学校である。

本校の留学生はデンマーク語受講は必須。初心者レベルから教えてくれる。学校は「デンマーク語を学ぶための最良の方法はそれを使用すること」と言い切る。授業で覚えたデンマーク語が実際に使えるよう、デンマーク人学生との交流機会は用意されている。提供されている科目で留学生が受講できるのは、テキスタイルとデザイン、アートとハンドクラフト、音楽、スポーツとゲーム、アウトドアである。

本校の授業や生活は基本的にデンマーク語である。しかし授業、会議、集会がデンマーク語で行われている場合、最新の通訳セットで使って英語に通訳（学生ボランティア）している。長期コースにおいては一部のクラスは英語で授業が受けられる。

1週間の授業スケジュールは、選択科目と必須科目を自由に組み合わせて自分用にカスタマイズする。また全学生は、毎週1回のスチューデントミーティングに参加する。ミーティングで学生は、教師と学生の合同会議（週1回）で話あう議題や問題を決める。

学期中の数週間は、通常科目以外のことも行う。学生の創造性と才能を育むショー、イベント、またはパフォーマンスなどをする。また留学中に様々なスタディトリップも提供されている。

　また本校の特長は、デンマーク人学生向けに、高等教育機関に進学するための予備コースがあることだ。看護・医学、教育理論・心理学、ジャーナリズム、技術と科学、旅行プロジェクト（海外でのボランティア活動の準備）が提供されている。外国人が受講できなくはないが、授業が現地語だからデンマーク語が堪能でないと受講は厳しい。「留学生は最初の学期でデンマーク語を学習し後期に予備コースの受講は可能」との説明はあるが。ハードルは高いと思う。

　Røndeは小さく可愛い町だが公共施設や店舗が揃っており、日常生活に不便を感じることはないだろう。また、国立公園も近くにあり、自然も豊かだ。

[主要科目]：看護・医療、心理楽・教育学、ジャーナリズ・メデアィ・コミュニケーション、科学＆テクノロジー、旅学、スポーツ、冒険、哲学

[学費]：1500kr/週（秋 18週、春 25週）、教材費: 不明、研修旅費: 4150kr〜7000kr（研修先に依る）、登録料: 1500kr、鍵代: 200kr（退校時に返金）

[アクセス]：Copenhagen中央駅（鉄道）→ Aarhus中央駅（乗り換え、バスGrenaa Trafikterminal行き、バス乗り場までは徒歩 10分）→ Lillerupvej下車→徒歩 6分→学校／所要時間: 約 4.5時間

17. Rønshoved Højskole

ロンス ホゥベズ ホイスコーレ

- homepage: http://www.ronshoved.dk/
- mail: info@ronshoved.dk　　　address: 6340 Kruså
- ☎ 74 60 83 18　　タイプ　A　　定員　120名

　開校は1921年。今年
2021年9月には100周年
だ。グロントヴィ思想に
沿った教育方針を貫い
ているfolkehøjskoleで
ある。伝統的、古典的な
folkehøjskoleで学んで
見たいという人には向い
ている学校だ。学校はデ

ンマークとドイツ国境付近にあるフレンスブルグフィヨルドに面してお
り、入学すれば人生でまたとない絶景の自然に囲まれた学習環境に身を
置くことになる。

　人文系、芸術、音楽、セーリング、マウンテンバイクなど様々な科目
を選択できる。幅広くバランスの取れた学びが用意され、試験がない学
習を体験できる。

　本校ではヘブライ語、古代ギリシャ語、ラテン語、デンマーク語、フ
ランス語、ドイツ語、英語の7言語の授業を受けることができる。英会話
の授業はあるが初心者向きではない。ある程度話せてもっと上達したい
と思ってる人にはぴったりだ。「ディスカッションを基礎としてさまざま
なトピックを取り入れることで、語彙力を高め、文法的なスキルを身に
付けることを目的する」と説明されている。

　滞在週数によって学費が変わるが、12週、16週、17週など中期の滞在
もある。また査証なしで参加できる8週コース、12週コースは、価格は
25%ほど上がるが、短期の留学体験を望む人にいいだろう。外国人留学

生も様々な国からきており、デンマーク人、他国の留学生と友達なる機会が提供されている。

特筆しておきたいのは、本校の短期コース（1週間）の充実度。歴史、自然、サイクリング、散策、ファミリーコース、旬を求めて等、年間40種以上の多彩なコースを提供している。どれも学校周囲の自然や史跡を活かした内容で、見る食べる遊ぶに親しめる。お堅い「教養講座」でもない点もいい。デンマーク語主体の授業だが、屋外活動や身体を使う内容が多いので、英語が堪能なシニアにもお勧めだ。

主要科目：人文科学、創造、社会学、文化、スポーツ、アウトドア、デンマーク語

学費：4-11週 1995kr、12-40週 1595kr、41週 1195kr、教材費：不明、研修旅費：3000kr〜3500kr（研修先に依る）、登録料：2495kr

アクセス：Copenhagen中央駅（鉄道）→ Gråsten駅（乗り換え、バス Kruså - Flensborg行き）→ Rønshoved, Fjordvejen下車→徒歩 7分→学校／所要時間：約 3時間

18. Skals - højskolen for design og håndarbejde
スカルス -ホイスコーレン フォ デザイン オ ハナアーバイデ

- homepage: http://www.skalshaandarbejdsskole.dk/
- mail: skals@skals.nu　　　　address: 8832 Skals

☎ 86 69 40 64　　　タイプ　　C　　　定員　　55名

　手芸を愛好する日本人女性達に圧倒的人気のある手工芸学校である。本校に留学した後、日本で手芸家として活動したり、手工芸教室を立ち上げる女性も多い。もの作りをする時間と居心地のよい環境が整っている学校である。

　「留学の満足度」というのは、人それぞれで、言葉の壁や時間不足、準備不足なども考えると70〜80％で十分だと思う。だが本校の留学経験者の満足度はいつも120％以上。女性たちの心と身体を寛がせる環境があるからだろう。かつて本校に留学した女性がこの学校の留学生活を的確に表現した言葉を残している。

「やらなくてはいけないことはない、やってはいけないこともない」

　入学は、申し込み後 2年先、と思って間違いない。だから本校に留学したいと思ったら、すぐにエントリーすることをお勧めする。申し込みをしないことには、入学機会はいつまでやってこない。

　居心地が良いためか、リピーターも多い。短期コースもすぐに定員が埋まる。授業は主にデンマーク語だから、デンマーク語の事前学習は必須。因みに男性の入学もOKだ。過去に革細工を学びに留学した日本人男性もいる。

「私の留学体験」124p、132p 参照

主要科目：衣服（ファッション）、織物、刺繍、手編み、革細工など。でもどれかに特化するのはではなく、手芸全般をまんべんなく学んでいく授業。物作りのスキル・デザインはすべてに通じるという考え方だ。

学費：1395kr/週（秋 17週、春 23週）、材料費：700-1000 k/月、研修旅費：1000kr（秋）、3000kr〜4000kr（春）、登録料：2000kr

アクセス：Copenhagen中央駅（鉄道）→ Aarhus中央駅（乗り換え、ローカル線 Viborg行き）→ Viborg駅下車→徒歩で Silkeborg Trafikterminalへ→バス、（Aars行き）→ Skals下車→学校／所要時間：約4時間

19. Vestjyllands Højskole
ヴェストユラン　ホイスコーレ

・homepage: http://www.vestjyllandshojskole.dk/
・mail: kontor@vestjyllandshojskole.dk　　address: 6950 Ringkøbing
☎ 96 75 37 77　　タイプ　A　　定員　80名

環境問題に関心のある人に最適の
folkehøjskoleである。vestはデンマー
ク語で「西」という意味。ユラン半島
の中西部、西海岸近くにあり、フィヨ
ルドと美しい自然の中に学校はある。
学生は18歳から26歳までが中心だが、
70代の学生がいることもある。

　本校は本来は演劇や芸術系の科目
が中心の学校である。しかし今は、
乱暴に言えば、日本の農業高校と芸
術高校が一緒になったような学校になっている。環境問題や気候変動へ
の関心の高まりから、近年、環境問題に関心の高い日本人に人気のある
学校だ。

　雨水をためてシャワーに使用したり、風力発電で学校電力をすべて供
給したり、自分達の庭からとれた野菜を料理の授業で使ったりと、本校
の学校生活そのものが環境問題を考え学ぶための、すぐれた教材になっ
ている。本校が提供する「パーマカルチャー」というプログラムに本気で
取り組めば、エコ生活のアドヴァイザーなれるくらいの知識は得られる。

　「本校はデンマークの緑のhøjskoleです！食事は90〜100%オーガニッ
クであり、CO_2を減らすため、素晴らしい19エーカーの土地と庭を持っ
ています。教師は、自分たちの科目や授業全般に情熱を注ぐ前向きな専
門家です。教師のほとんどは家族と一緒に学校の近くに住んでいます。
学校はとても居心地の良い家族的な雰囲気があります」（ホームページよ
り抄訳）

科目には、演劇、食と環境、芸術、文芸のメインコースを中心に、20科目以上が提供されている。

デンマーク語は文芸コースの中にあり、授業を受けることができる。

音楽、歌、陶芸、絵画、演劇、持続可能な生活と社会、そして料理などのコースをもち、学生達の心と可能性を広げる教育を重視しているという。デンマーク語の授業が中心だが、英語で説明もしてくれる。

8年程前、30代で社会人だったKさん（男性）は北欧留学情報センターで、デンマーク語の基礎を学びVestjyllands Højskoleに会社を辞めて留学した。英語は少しできた。Kさんが留学した後、本校に留学した学生が学校職員から盛んにKさんのこと聞かれた。Kさんは英語で落語をするなど本来の性格を開花させ、本校の伝説的な日本人留学生になっていたのだ。folkehøjskole留学生活の善し悪しは、やはり留学生次第だとわかる話である。

※「私の留学体験」120p 参照

主要科目：ダンス、音楽、歌唱、演劇、料理、作家、絵画、陶芸、パーマカルチャー

学費：1245kr/週（秋 13週）（春 21週）、教材費: 2000、研修費旅費: 2000kr、登録料: 1000k、

アクセス：Copenhagen中央駅（鉄道）→ Herning駅下車→バス乗り換え Ringkøbing停留所行き→ Røgind kro下車→徒歩 60分あるいはタクシーか学校に連絡→学校。所用時間: 約 5.5時間

20. Vrå Højskole

ヴォロ ホイスコーレ

・homepage: http://www.vraahojskole.dk/
・mail: info@vraahojskole.dk　　address: 9760 Vrå
☎ 98 98 10 10　　タイプ　A　　定員　95名

　1872年開校だから、150年近い歴史をもつ folkehøjskole である。最初は別の場所（ステナム：Stenum）にあったが、1890年に Vrå に移転した。vråはデンマーク語で「ひっこんだ所」という意味があるが、本校は現状で、デンマーク最北部の folkehøjskole である。

　本校のホームページに掲げられている文言は、現在の folkehøjskole で学ぶ個々の学生への効果をよくまとめている。

・あなたの夢を実現する入り口になる。
・普通の学校で学んだ知識を向上させる
・次のキャリアアップためのポートフォリオを準備する。
・人生で立ち止まったままでいるあなたが歩き始めるために新鮮ことを始める。

　「本校は人生のための知識を得ることと仲間（友達）が欲しいと思う人の学校です。本校で新しいことや自分が得意なことを向上させたい人のための学校です。本校は文化的集会施設であり２週間ごとに食事をしたり、講演やコンサートを聴くことができる学校です」とも書かれている。

　自分はどんなことに興味があるのか自分はどんな事に向いているのか、時間の流れはゆっくりだが、様々なことにチャレンジしたり、自分の事や将来をきちんと考える環境が用意されている。

　音楽、芸術＆デザイン、写真＆メディア、言葉と社会の４コースがあり、選択科目にはスポーツ、イベント管理、デンマーク語がある。

　学校近くには美術館がある。ここには自分の故郷である Vrå 周辺の風景画を多く書いた画家、Svend Arne Engelund (1908〜2007)の作品が

常設されている。またデンマーク最北端の観光地として有名な Skagen
に近く、そこにも日本でも公開されたことのあるデンマークの著名画家、
クロイヤー（Peder Severin Krøyer、1851〜 1909）の作品が見られる
Skagen美術館がある。

主要科目 ：音楽、芸術＆デザイン、写真とメディア、言葉と社会

学費 ：1500kr/週（秋 16週）（春 22週）、教材費：学費に含まれる。研修費旅費：
　　　不明、登録料、定員: 95名

アクセス ：Copenhagen中央駅（鉄道）→ Aalborg駅下車→ローカル線乗り換
　　　え（Hjørring駅行き）→ Vrå駅下車→徒歩10分→学校。所用時間: 約 6時間

デンマーク人と自転車

　デンマーク人たちの生活に自転車は不可欠です。彼等にとっては、通勤、通学のために重要な公共交通移動手段の 1つです。デンマーク人が「健康に良いから」という理由づけで、自転車にのることはほとんどないと思います。デンマーク人にとって自転車は鍋、釜、包丁のような日用品であり、レジャー用品や健康器具ではないのです。

　自転車が本来、A地点から B地点までを素早く移動できる優れた乗り物であることがデンマークへゆくと良くわかります。同国国内の道路のほとんどに自転車用道路が確保されています。だからこそ、自転車の本来の能力が発揮できるのです。

　コペンハーゲンは世界で一番自転車に優しい都市と言われています。コペンハーゲンの街角で見る、日本と比べものにならない速さで走る通勤・通学に向かう自転車の群れは日本人には衝撃的な光景です。同時に日本の自転車のインフラがいかに貧しいかわかると思います。そして地球にやさしい乗り物を普及させるには、自転車道の確保がいちばん有効な方法だということも理解できるはずです。

　もしあなたがデンマークで、自転車道を知らずに歩いていたら、必ず注意されます。それも優しい言い方ではなく、怒鳴られる、というのがふさわしいです。デンマークで自転車道を歩くことは、日本でいえば、車道の真ん中を歩いていることと同じだからです。

デンマークの Folkehøjskole 全校紹介

No	タイプ	名　　　称	頁
1	A	Askov Højskole	68
2	A	Bornholms Højskole	68
3	A	Brandbjerg Højskole	68
4	A	Brande Højskole	69
5	A	Brenderup Højskole	69
6	D	Børkop Højskole	69
7	B	Den Europæiske Filmhøjskole	70
8	A	Den Internationale Højskole	70
9	B	Den Rytmiske Højskole	70
10	B	Den Skandinaviske Designhøjskole	71
11	A	Djurslands Folkehøjskole	71
12	A	Egmont Højskolen	71
13	G	Egå Ungdoms-Højskole	72
14	B	Engelsholm Højskole	72
15	B	Filmhøjskolen Møn	72
16	C	Gerlev Idrætshøjskole	73
17	A	Gram Højskole	73
18	A	Grundtvigs Højskole	73
19	C	Gymnastikhøjskolen i Ollerup	74
20	A	Hadsten Højskole	74
21	D	Højskolen Acts Academy	74
22	A	Højskolen for Bevidsthedsudvikling	75
23	F	Højskolen Marielyst	75
24	A	Højskolen Mors	75

No	タイプ	名　　　　称	頁
25	E	Højskolen Skærgården	76
26	C	Idrætshøjskolen Bosei	76
27	C	Idrætshøjskolen på Færøerne	76
28	C	Idrætshøjskolen i Sønderborg	77
29	C	Idrætshøjskolen Aarhus	77
30	C	ISI Idrætshøjskole	77
31	A	Jaruplund Højskole	78
32	A	Johan Borups Højskole København	78
33	A	Jyderup Højskole　　　（2022年3月閉校）	78
34	A	Kalø Højskole	79
35	B	Krabbesholm Højskole	79
36	A	Krogerup Højskole	79
37	B	Kunsthøjskolen i Holbæk	80
38	B	Kunsthøjskolen på Ærø	80
39	F	Liselund Højskole	80
40	E	Livsstilshøjskolen Gudum	81
41	D	Luthersk Missions Højskole	81
42	A	Løgumkloster Højskole	81
43	D	Mariager Højskole	82
44	C	Musik og Teater Højskolen	82
45	A	Nordfyns Højskole	82
46	A	Nordiska folkhögskolan	83
47	C	Nordjyllands Idrætshøjskole	83
48	A	Nørgaards Højskole	83
49	D	Oasehøjskolen	84
50	A	Odder Højskole	84

No	タイプ	名　　　　称	頁
51	C	Oure Højskole Sport & Performing Arts	84
52	A	Roskilde Festival Højskole	85
53	F	Rude Strand Højskole	85
54	A	Ry Højskole	85
55	B	Ryslinge Højskole	86
56	A	Rødding Højskole	86
57	A	Rønde Højskole	86
58	A	Rønshoved Højskole	87
59	B	Scenekunsthøjskolen Snoghøj	87
60	F	SeniorHøjskolen, Nørre Nissum	87
61	A	Silkeborg Højskole	88
62	C	Skals-højskolen for design og håndarbejde	88
63	F	Struer Højskole	88
64	B	Suhrs Højskole	89
65	B	Teaterhøjskolen Rødkilde	89
66	A	Testrup Højskole	89
67	E	Ubberup Højskole	90
68	A	Uldum Højskole	90
69	F	Ungdomshøjskolen ved Ribe	90
70	A	Vallekilde Højskole	91
71	C	Vejle Idrætshøjskole	91
72	A	Vestjyllands Højskole	91
73	C	Viborg Idrætshøjskole	92
74	A	Vrå Højskole	92
75	C	Aalborg Sportshøjskole	92

1. Askov Højskole
アスコウ　ホイスコーレ

- HP: https://www.askov-hojskole.dk/
- mail: info@askov-hojskole.dk
- address : 6600 Vejen
- ☎ 76 96 18 00　 タイプ A　　 定員 100名

　アカデミックな雰囲気も漂う伝統的FH。風力発電の始祖、ポール・ラ・クーアが教師として勤務していた。

主要科目 : ジャーナリズム、文学、映画制作、ゲームデザイン、ロボット&ヴァーチャルリアリティ、デンマーク語とデンマーク文化。

2. Bornholms Højskole
ボーンホルムズ　ホイスコーレ

- HP: https://bornholmshojskole.dk/
- mail: kontor@bornholmshojskole.dk
- address:3720 Aakirkeby
- ☎ 56 97 40 77　 タイプ A　　 定員 60名

　「バルト海の宝石」とも言われるボーンホルム島にある学校。創作活動、芸術活動に没頭したいと言う人にはお勧めしたい。

主要科目 : 陶芸、絵画、デザイン、装飾細工、ガラス工芸

3. Brandbjerg Højskole
ブランビャウ　ホイスコーレ

- HP: https://www.brandbjerg.dk/
- mail: bh@brandbjerg.dk
- address: 7300 Jelling
- ☎ 75 87 15 00　 タイプ A　　 定員 85名

　国際的な雰囲気を持つFHを目指す。デンマーク人学生が多いが、様々な背景をもつ留学生を積極的に受けいれている。

主要科目 : 音楽&ダンス、サステナビリティ、プロジェクトリーダー、自己開発、政治&社会、芸術&手しごと、スポーツ

4. Brande Højskole
ブランゼ　ホイスコーレ

・HP: https://brandehs.dk/
・mail: bhs@brandehs.dk
・address: 7330 Brande
・☎ 97 18 45 45　　タイプ　A　　定員　62名

　話すことや文字を読むことに問題ある者、成績不振、学校不適応な
あるいはデンマークに住んでいる移民の若者達が学ぶFH。

主要科目: 不明

5. Brenderup Højskole
ブラネロプ　ホイスコーレ

・HP: https://www.brenderuphojskole.com/
・mail: kontor@brenderuphojskole.dk
・address: 5464 Brenderup Fyn
・☎ 64 44 24 14　　タイプ　A　　定員　50名

　掲げる標語は「異文化との出逢い」。異文化交流、国際交流に力を
注いでいる。21年3月には敬和学園大学(新発田市)と協定を結んだ。
主要科目: 国際理解、芸術＆手仕事、ワールドミュージック、持続
可能社会、園芸、スポーツ＆アウトドア、デザイン、リサイクル、デ
ンマーク語＆デンマーク文化

6. Børkop Højskole
ブアコプ　ホイスコーレ

・HP: https://www.imb.dk/
・mail: imb@imb.dk
・address: 7080 Børkop
・☎ 75 86 60 22　　タイプ　D　　定員　66名

　聖書に信頼をおいた、教育や活動が行われている。授業はすべてデ
ンマーク語。

主要科目: 聖書講読、音楽、芸術、アウトドア、音楽

7. Den Europæiske Filmhøjskole
デン ヨーロペィスケ フイルムホイスコーレ

- ・HP: http://www.europeanfilmcollege.com
- ・mail: info@europeanfilmcollege.com
- ・address: 8400 Ebeltoft
- ・☎ 86 34 00 55　　**タイプ**　B　　**定員**　120名

　脚本、映画、音声、演技、演劇、演出、編集、ドキュメンタリー、制作、映画に関わる基本的な技術の基礎を徹底的に学ぶ 8ヶ月半。入学に際し選抜がある。

主要科目：映画・映像製作全般

---

8. Den Internationale Højskole
デン インタナショナーレ ホイスコーレ

- ・HP: http://www.ipc.dk/
- ・mail: ipc@ipc.dk
- ・address: 3000 Helsingør
- ・☎ 49 21 33 61　　**タイプ**　A　　**定員**　105名

　FHの中で唯一、授業も日常生活も英語主体の学校。30カ国以上から入学してくるという。コペンハーゲンから1時間。

主要科目：教育問題、環境問題、貧困問題、フェミニズム、ジェンダーの他、英語のブラッシュアップ講座「アカデミック英語」、3段階に分けた「英会話」クラス、デンマーク語クラスもある。

---

9. Den Rytmiske Højskole
デン リトミスケホイスコーレ

- ・HP: http://www.drh.dk/
- ・mail: den@rytmiske.dk
- ・address: 4560 Vig
- ☎　59 36 06 00　　**タイプ**　B　　**定員**　95名

　本格的に音楽の道に進みたい人に最適の学校。しかしただスキルを学ぶのではなく音楽を通じた共同生活と自己啓発、自己形成を目的にした学校。

主要科目：バンドプレイ、電子音楽、ソングライティング＆プロデュース、音楽製作、音響技術、電子音楽コース、音楽マネージメント

10. Den Skandinaviske Designhøjskole
デン スカンディナアヴィスケ　デザインホイスコーレ

- ・HP: http://www.designhojskolen.dk/
- ・mail: info@designhojskolen.dk
- ・address: 8960 Randers SØ
- ・☎ 86 44 80 44 　タイプ　B　　定員 70名

　デザイン専門のFH。授業の主言語はデンマーク語。美大を目指すデンマークやEU圏からの18歳〜20歳前半の学生が多い。

主要科目: ヴィジュアルコミュニケーション、モード＆テキスタイル、建築＆街デザイン、家具＆プロダクトデザイン。

11. Djurslands Folkehøjskole
デュアスラン　フォルケホイスコーレ

- ・HP: http://djfh.dk/forsiden/
- ・mail: post@djfh.dk
- ・address: 8400 Ebeltoft
- ・☎ 87 52 91 20 　タイプ　A　　定員 50名

　開校は1897年。特別な配慮が必要な学生を受け入れている。授業はデンマーク語のみ。

主要科目: デザイン、音楽、ドラマ、芸術、スポーツ、映画、写真、哲学

12. Egmont Højskolen
エグモント　ホイスコーレン

- ・HP: https://www.egmont-hs.dk/
- ・mail: @egmont-hs.dk
- ・address: 8300 Odder
- ・☎ 87 81 79 00 　タイプ　A　　定員　200名

　障がい者と健常者が助け合いながら一緒に学ぶFH。日本からの留学生も多い。バリアフリーが行き届いているから障がい者も条件がつくが留学が可能。

主要科目: 自己啓発、音楽、スポーツ＆モーション、芸術＆デザイン

13. Egå Ungdoms-Højskole
エーオ ウングドムス ホイスコーレ

- HP: http://www.euh.dk/
- mail: info@euh.dk
- address: 8250 Egå
- ☎ 86 22 01 26　　タイプ　G　　定員　80名

　16歳半〜19歳の生徒に限った学校。授業はデンマーク語と英語。外国人留学生も受け入れている。

主要科目:デンマーク語とデンマーク文化、映像、写真、イベントマネージメント、ドラマ＆演劇、スポーツ、e-スポーツ、環境問題

14. Engelsholm Højskole
エンゲレスホルム ホイスコーレ

- HP: https://www.engelsholm.dk/
- mail: engelsholm@engelsholm.dk
- address: 7182 Bredsten
- ☎ 75 88 35 55　　タイプ　B　　定員　80名

　芸術、音楽、そしてデザインをきちんと学べるFH。1593年に建てられたバロック様式を校舎にしたので「お城の学校」と知られる。

主要科目: 写真、電子音楽、作曲、オーディオビジュアル、絵画、装飾デザイン、陶芸・ガラス

15. Filmhøjskolen Møn
フイルムホイスコーレン ムン

- HP: https://www.filmhojskolen.dk/
- mail: forstander@filmhojskolen.dk
- address: 4780 Stege
- ☎ 40 89 46 20　　タイプ　B　　定員　不明

　映画制作の全行程について一から教えてくれる。学生達の芸術的な可能性を広げ、映画と映画製作における知識とスキルを提供することを目指す。

主要科目: フィクション、ドキュメンタリー、ポッドキャスト。

16. Gerlev Idrætshøjskole
ゲアレウ イデラッツホイスコーレ

- ・HP: http://gerlev.dk/
- ・mail: gerlev@gerlev.dk
- ・address: 4200 Slagelse
- ・☎ 58 58 40 65　　タイプ　C　　定員　120名

　敷地内には世界初といわれるパールクールパークがある。スポーツ
を楽しみスポーツを通して創造的な自分を作っていく体育専門のFH。

主要科目：パルクール、ダンス、バスケットボール、ビーチバレー、
ボルダリング、クリスフィット、ヨガ、器械体操、格技、ウインド
サーフ、ダンス、サッカー、ウオータースポーツ

17. Gram Højskole
グラム　ホイスコーレ

- ・HP: https://www.gramhojskole.dk/
- ・mail: info@gramhojskole.dk
- ・address: 6510 Gram
- ・☎ 29 32 45 57　　タイプ　A　　定員　114名

　持続続可能社会を強く意識しており、食や自然、宇宙にまで目を向
けて私たちの社会を問い直そうとするユニークなFH。

主要科目：食と人、大地、社会、理科、文学で、天文学、医療哲学

18. Grundtvigs Højskole
グロンドヴィス ホイスコーレ

- ・HP: https://grundtvigs.dk/
- ・mail: info@grundtvigs.dk
- ・address: 3400 Hillerød
- ・☎ 48 26 87 00　　タイプ　A　　定員　100名

　FHの学びの目的は、それぞれの科目の学習を通じて、自分とは何か、
社会とは何か、民主主義とは何かを問いかけること。本校はそれが実
践されている。

主要科目：ラジオ、写真、絵画、政治、文章、音楽。

19. Gymnastikhøjskolen i lerup
ギュムナスティックホイスコーレン イ オレロプ

- HP: http://www.ollerup.dk/
- mail: info@ollerup.dk
- address: 5762 Vester Skerninge
- ☎ 62 24 12 30 　タイプ　C　　定員　240名

　「1人の五輪選手より99人の健康で頑丈な身体を作る」が本校のモットー。本校のデンマーク体操は「NHKラジオ体操」の基になっている。

主要科目：パルクール＆フリーランニング、ダンス、フィットネス＆健康、リズム体操、チーム体操、器械体操

20. Hadsten Højskole
ハステン ホイスコーレ

- HP: http://www.hadstenhojskole.dk/
- mail: info@hadstenhojskole.dk
- address: 8370 Hadsten
- ☎ 86 98 01 99 　タイプ　A　　定員　105名

　DANISH CLASS FOR INTERNATIONAL STUDENTS が用意されている。入学に際してはデンマーク語のエッセイとインタビューが求められる。

主要科目：健康＆心理学、芸術＆手仕事、音楽と歌、コミュケーション＆語学、球技＆アウトドア。

21. Højskolen Act Academy
ホイスコーレン　アクトアカデミー

- HP: https://actsacademy.dk/
- mail: info@actsacademy.dk
- address: 6000 Kolding
- ☎ 75 52 47 99 　タイプ　D　　定員　60名

　1939年に設立されたキリスト教系のFHである。デンマーク語と英語の授業がある。

主要科目：リーダーシップ、聖書、教会の生活、精神生活、瞑想、

22. Højskolen for Bevidsthedsudvikling
ホイスコーレン フォ ビベヴィスツヘズウヴィクリン

- HP: http://www.rfh.dk/
- mail: info@rfh.dk
- address: 4591 Føllenslev
- ☎ 59 91 92 93　タイプ　A　定員　40名

　音楽、絵画、デザインなど創造性を育む科目を学びながら、自らを見つめ直し自己の可能性を広げるFH。学生の平均年齢は高い。

主要科目：ヘルスケア、アート・創造・意識変革、映画&演劇、音楽と生活

---

23. Højskolen Marielyst
ホイスコーレン　マリーエリュスト

- HP: http://hojskolenmarielyst.dk/
- mail: kontor@hsmarielyst.dk
- address: 4873 Væggerløse
- ☎ 54 13 63 61　タイプ　F　定員　80名

　アクティヴシニアが対象の学校。長期コースはなく、短期コースのみ。デンマーク語必須。

主要科目：絵画、芸術史、テキスタイル、文化史、文学、地域史、音楽、ハイキング等

---

24. Højskolen Mors
ホイスコーレン　モース

- HP: http://hoejskolenmors.dk/
- mail: info@hojskolenmors.dk
- address: 7900 Nykøbing Mors
- ☎ 21 62 64 55　タイプ　A　定員　33名

　2020年1月から開校したFH。グロンドヴィ思想を基礎に、地域に国内外の文化的学習の提供を目的に開校した。

主要科目：文化管理、音楽、アプリケーション制作、イベントマネイジメント、映画分析、哲学と文学、リサイクル設計、グラフィックデザインなど他多数。

25. Højskolen Skærgården
ホイスコーレン スケアゴーン

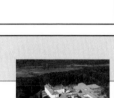

- HP: http://www.hjsk.dk/
- mail: kontoret@hjsk.dk
- address: 7400 Herning
- ☎ 97 12 43 90 　タイプ　E　　定員　55名

　生活習慣を改めて幸福な暮らしをするための条件を学ぶ大人のための学校。授業はデンマーク語。

主要科目：ライフスタイル、生活改善の2コース。

---

26. Idrætshøjskolen Bosei
イデラッツホイスコーレン ボウセイ

- HP: https://www.bosei.dk/
- mail: info@bosei.dk
- address: 4720 Præstø
- ☎ 55 90 90 90 　タイプ　C　　定員　90名

　「東海大学付属デンマーク校の施設を引き継いで開校されたスポーツ＆文化のFH。体育系の学校だが、文化的な学びもあり、FHでは珍しい日本語、韓国語を学ぶ事もできる。
主要科目：格闘技（柔道、テコンドー）、球技、フィットネス、e-スポーツ、アウトドア、日本語、韓国語。

---

27. Idrætshøjskolen på Færøerne
イデラッツホイコーレン ポ フェローネ

- HP: https://www.his.fo/hjem
- mail: info@his.fo
- address: Oyrarvegur 7, Vágur, Farø
- ☎ 0029 82 82 00 　タイプ　C　　定員　48名

　絶海のフェロー諸島（注）にできた、スポーツ系FH。若者に人生の課題に対処し、個人的に成長するためのツール、経験、スキルを提供することが目的。
主要科目：アドベンチャー、フィットネス、サッカー、カヤック、カヌーアウトドア、スイミング

28. Idrætshøjskolen i Sønderborg
イデラッツホイスコーレン イ スナボー

- HP: https://www.ihs.dk/
- mail: admin@ihs.dk
- address: 6400 Sønderborg
- ☎ 74 42 18 48　　タイプ　C　　定員　144名

　アルス島にある体育系FH。素晴らしい施設と周囲の環境を活かし、体育とスポーツに関わる20余りの科目を提供。

主要科目：球技、陸上競技、ゴルフ、マリンスポーツ、スケートボードなど体育とスポーツに関わる20余りの科目が用意されている。

29. Idrætshøjskolen Aarhus
イデラッツホイスコーレン オーフース

- HP: http://www.ihaarhus.dk/
- mail: ihaa@ihaarhus.dk
- address: 8240 Risskov
- ☎ 86 21 38 00　　タイプ　C　　定員　152名

　デンマーク第2の都市オーフス近郊にある大規模なスポーツ体育学校。日本からハンドボール選手がよく留学している。

主要科目：スポーツ、音楽、文化

30. ISI Idrætshøjskole
ISI イデラッツホイスコーレ

ISI Idrætshøjskole

- HP: https://www.isi.dk/
- mail: info@isi.dk
- address: 7430 Ikast
- ☎ 97 25 24 99　　タイプ　C　　定員　60名

　スポーツ、体育を通じて自己啓発、自己開発をすることが本校この最大の目的。日本からハンドボール選手が留学する。

主要科目：フィットネス、サッカー、ゴルフ、ハンドボール、コーチ学、バレーボール、E-スポーツ。

31. Jaruplund Højskole
ヤーロプルン　ホイスコーレ

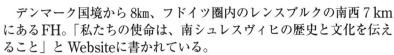

- HP: https://jaruplund.com/
- mail: kontoret@jaruplund.de
- address: Lundweg 2, 24976 Handewitt, Germany
- ☎ 0049 4630 969140　　タイプ　A　　定員　51名

　デンマーク国境から 8km、フドイツ圏内のレンスブルクの南西7km にあるFH。「私たちの使命は、南シュレスヴィヒの歴史と文化を伝えること」と Websiteに書かれている。

主要科目：哲学、ドイツ語、写真、芸術、情報処理、マネージメント、音楽。

32. Johan Borups Højskole København
ヨハンボーロプス ホイスコーレ クベンハウン

- HP: http://www.borups.dk/
- mail: borups@borups.dk
- address: 1220 København
- ☎ 33 12 34 45　　タイプ　A　　定員　100名

　コペンハーゲン中心部にあるFH。通学のみの、FHである。「ここはクリエイティヴな出会いの場」と学校を位置づけ、様々な授業と活動を通じて自己の可能性を発見し発展させることを目的とする。

主要科目：作家、ドキュメンタリー制作、劇場＆舞台芸術、建築＆アート、デザイン、音楽

33. Jyderup Højskole　　2022年 3月閉校
ユーゼロプ ホイスコーレ

- HP: https://www.jyderuphojskole.dk/
- mail: info@jyderuphojskole.dk
- address: 4450 Jyderup
- ☎ 59 22 44 80　　タイプ　A　　定員　55名

　2014年開校の比較的新しいFH。コペンハーゲンから列車で1時間で最寄りで下車後、歩いて5分で学校の玄関前に立てる。「駅近フォルケ」。

主要科目：軽音楽、電子音楽、環境問題、デンマーク語と文化、芸術、北欧のアウトドアライフ。

34. Kalø Højskole
カルー　ホイスコーレ

- HP: http://www.kalohojskole.dk/
- mail: mail@kalohojskole.dk
- address: 8410 Rønde
- ☎ 86 37 12 86　　タイプ　A　　定員　80名

　デンマーク語、デンマークの社会・文化をきちんと学びたいのなら
この学校。学費が他校で比べると安いのが魅力だ。

主要科目：デンマーク語＆デンマーク文化、アウトドア、環境、自己
　　　形成。

35. Krabbesholm Højskole
クラベスホルム　ホイスコーレ

- HP: https://www.krabbesholm.dk/
- mail: post@krabbesholm.dk
- address: 7800 Skive
- ☎ 97 52 02 27　　タイプ　B　　定員　115名

　デザインの基礎を学ぶ学校で、レベルも人気も高く、充実した施設、
機材、教師がそろっている。デザイナー、建築家などを本気で目指す
若いデンマーク人と世界各国からの若者が入学してくる。

主要科目：芸術、建築、デザイン、グラフィックデザイン

36. Krogerup Højskole
クローエロプ　ホイスコーレ

- HP: https://krogerup.dk
- mail: kontoret@krogerup.dk
- address: 3050 Humlebæk
- ☎ 49 19 03 80　　タイプ　A　　定員　108名

　1946年開校。神学者・思想家であるハル・コックが初代校長を10年
間務めた。民主主義者コックの考え方を反映し、共感と批判精神を育
てる教育を提供する。

主要科目：環境問題、国際社会、大都市学、ジャーリズム＆メデイア、
　　　映画・ドキュメンタリー、欧州社会

37. Kunsthøjskolen i Holbæk

クンストホイスコーレン イ ホルベク

- ・HP: http://www.kunsthojskolen.dk/
- ・mail: info@kunsthojskolen.dk
- ・address: 4300 Holbæk
- ・☎ 59 43 18 88　タイプ　B　定員　77名

　絵画、グラフィック、アートなど視覚芸術の基礎を学び才能を伸ばす学校。芸術を学ぶ場としてデンマーク人の間でも知名度と人気が高い学校。コペンハーゲンから1時間。

主要科目：絵画、文学、サウンドアート、建築、陶芸、前衛アート、グラフィックデザイン、版画、ビデオ、コミック、彫刻、ジュエリーデザイン、スクリーン印刷など。

38. Kunsthøjskolen på Ærø

クンストホイスコーレン ポ エーロ

- ・HP: http://kunstaeroe.dk/
- ・mail: info@kunstaeroe.dk
- ・address: 5985 Søby Ærø
- ・☎ 62 58 16 60　タイプ　B　定員　20名

　フュン島南の離れ小島 Ærø(エーロ島) にある「絵画の学校」。デンマーク

主要科目：絵画、視覚芸術

39. Liselund Højskole

リーセルン ホイスコーレ

- ・HP: https://liselund.dk/
- ・mail: info@liselund.dk
- ・address: 4200 Slagelse
- ・☎ 58 52 31 20　タイプ　F　定員　50名

　2021年1月に開校の高齢者向けFH。人生をよりよく知りたいと考える高齢者象に学びと活動を提供し、文化的な出会いを創造する。

主要科目：歴史、文化、芸術、音楽＆合唱、自然に親しむ、宗教、社会、ダンス

40. Livsstilshøjskolen Gudum

リウスティルホイスコーレン　グードゥム

- ・HP: http://livsstilshojskolen.dk
- ・mail: info@livsstilshojskolen.dk
- ・address: 7620 Lemvig
- ・☎ 97 88 83 00　　タイプ　E　　定員　46名

　生活習慣改善や肥満解消を目標に芸術科目やスポーツに勤しみ心身をリフレッシュ。Livsstilはデンマーク語でライフスタイルの意。

主要科目: 運動と自然、ダイエット、ヨガ&マインドフルネス、糖尿病予防

---

41. Luthersk Missions Højskole

ルーテル ミッションス　ホイスコーレ

- ・HP: http://lmh.dk/
- ・mail: lmh@lmh.dk
- ・address: 3400 Hillerød
- ・☎ 48 26 07 66　　タイプ　D　　定員　104名

　コペンハーゲン近郊にあるキリスト教ルター派のミッションFH。

主要科目: 神学、音楽

---

42. Løgumkloster Højskole

ローグムクロスター ホイスコーレ

- ・HP: https://www.logumklosterhojskole.dk/
- ・mail: info@logumklosterhojskole.dk
- ・address: 6240 Løgumkloster
- ・☎ 74 74 40 40　　タイプ　A　　定員　63名

　SDGsにフォーカスしている。選択科目にビール醸造、ガーデンセラピーがあるユニークな学校。

主要科目:実存コース、リレーションシップコース、リーダーシップコース

43. **Mariager Højskole**
マリアーア ホイスコーレ

- HP: http://www.mariager-hojskole.dk/en/
- mail: info@mariager-hojskole.dk
- address: 9550 Mariager
- ☎ 96 68 26 68　　タイプ　D　　定員　100名

　ユラン半島北部にあるキリスト教系FH。聖書に依った授業が中心となる。

主要科目: 聖書

---

44. **Musik og Teaterhøjskolen**
ミュージク オ テアターホイスコーレン

- HP: http://musikogteater.dk/
- mail: kontor@musikogteater.dk
- address: 6520 Toftlund
- ☎ 74 83 01 04　　タイプ　C　　定員　65名

　音楽と演劇に特化したFH。音楽的才能や演劇的才能が磨ける他、コンサート、演劇上演に至るまでの手順も学ぶ。外国人留学生も受け入れている。

主要科目: ダンス、音響技術、音楽、歌唱、演劇、電子音楽

---

45. **Nordfyns Højskole**
ノアフュンス　ホイスコーレ

- HP: http://nordfyns.nu/ja/
- mail: kontor@nordfyns.nu　・address: 5400 Bogense
- ☎ 64 81 32 80　　タイプ　A　　定員　75名

　日本人に人気のあるFH。SOSUというコースにデンマーク福祉に関心のある日本の若者達が集まる。

主要科目: ＜ A群＞ WorldCamp Nordfyn、Human and Learning, Outdoor, Sports, Self-sufficiency(自給自足)、Sosu
＜ B群＞ Personal Leadership、Culture Express、Practical sustainability, Sea and kayak, Global outlook

46. Nordiska folkhögskolan
ノアディスカ　フォルクヘーグスコーラン

- HP: http://nordiska.fhsk.se/
- mail: info@nordiska.fhsk.se
- address: SE-44231 Kungälv, Sweden
- ☎ 46 303 20 62 00　　タイプ　A　　定員　154名

　デンマークFH協会に属すが、スウェーデンにある学校。生徒は北欧諸国出身者が大半。

主要科目：創造、舞台芸術、映像、音楽、映画、写真

---

47. Nordjyllands Idrætshøjskole
ノアユランイデラッツホイスコーレ

- HP: http://www.nih.dk/
- mail: info@nih.dk
- address: 9700 Brønderslev
- ☎ 98 82 53 00　　タイプ　C　　定員　120名

　1986年開校の体育・スポーツ学校である。球技、陸上、水泳、スキー等、スポーツ全般にわたりチャレンジすることができる。

主要科目：アウトドア、ライフスタイル(スポーツを通じの生活改善)、球技・体育、資格取得、フィットネス

---

48. Nørgaards Højskole
ノアゴース ホイスコーレ

- HP: http://nrgaard.dk/
- mail: adm@nrgaard.dk
- address: 8850 Bjerringbro
- ☎ 86 68 23 00　　タイプ　A　　定員　90名

　1955年開校。10000㎡敷地に写真スタジオ、音楽スタジオ、リハーサルルーム、講堂2つ、ダンス、音楽、イベントなど最大 450名収容可能な多目的ホール、球技用体育館、ジム、ヨガスタジオもある。
主要科目：ダンス、電子音楽、アドベンチャースポーツ、アドベンチャースポーツ、アート、ダンス、音楽(バンド)

49. Oasehøjskolen
オアセホイスコーレン

- HP: https://www.xn--oasehjskolen-zjb.dk/
- mail: experien @ oasehojskolen.dk
- address: 8620 Kjellerup
- ☎ 22 40 68 58　　タイプ　D　　定員　56名

　デンマーク教会の福音ルーテル財団の団体によって運営されるキリスト教系FH。「神を感じ、目覚め、世界を動かす」。

主要科目：聖書理解、教育、信仰、コミュニティ、創造性

50. Odder Højskole
オザー　ホイスコーレ

- HP: http://www.odderhojskole.dk/
- mail: mail@odderhojskole.dk
- address: 8300 Odder
- ☎ 86 54 07 44　　タイプ　A　　定員　106名

　80％が英語中心の授業のあるFH。でも英会話力は必須。お勧めのコースは「映画＆テレビ制作」。

主要科目：ジャーナリズム、映画＆テレビ制作、スポーツとフィットネス、音楽・歌・ダンス、絵画＆アート、デザイン、食の学校、OH！テック

51. Oure Højskole Sport & Performing Arts
オーアホイスコーレ　スポーツ＆パフォーミングアーツ

- HP: https://oure.dk/hoejskole
- mail: info@oure.dk
- address: 5883 Oure
- ☎ 62 38 38 38　　タイプ　C　　定員　130名

　1987年開校の体育・パフォーマンス芸術の学校。

主要科目：スポーツ、ダンス、音楽、演劇／現在のオプションは、サッカー、ハンドボール、スキー、アドベンチャー、ボードスポーツ、フィットネス、セーリング、シーカヤック、ゴルフ、乗馬、ダンス、音楽、演技

52. Roskilde Festival Højskole
ロスキレ フェスティヴァル ホイスコーレ

- HP: https://rofh.dk/
- mail: info@rofh.dk
- address: 4000 Roskilde
- ☎ 31 32 53 21　　タイプ　A　　定員　80名

　2019年1月に開校したFH。初年度は18歳〜30歳までの学生70名が学んだ。首都から約30キロの街、ロスキレ市にある。

主要科目：音楽、リーダー学（文化・地域）、メディア、政治、（木を使った）物作り、芸術。

53. Rude Strand Højskole
ルーゼ ストラン ホイスコーレ

- HP: https://rudestrandhojskole.dk/
- mail: info@rudestrandhojskole.dk
- address: 8300 Odder
- ☎ 86 55 89 44　　タイプ　F　　定員　63名

　2020年夏に開校開講したシニア向けFH。各プログラムの学びと学びを通じた新たな人との出会いを生む。

主要科目：音楽、運動、スポーツ、コーラス、国内小旅行、イースター、サマーバケーション、クリスマス、ニューイヤーなどのプログラムを備えている。

54. Ry Højskole
リュ ホイスコーレ

- HP: https://www.ryhojskole.dk/
- mail: kontoret@ryhojskole.dk
- address: 8680 Ry
- ☎ 86 89 18 88　　タイプ　A　　定員　90名

　グロントヴィ精神を継承する伝統的FH。特徴は「駅近」と「湖」。学校はRy駅の目の前。校内に入り傾斜のある庭の先に湖が広がる。

主要科目：演劇、音楽、芸術＆デザイン、アウトドア。ジャーナリズム。
　　選択科目は、合唱、カヤック、絵画、写真、映像製作等。

55. Ryslinge Højskole
リュスリンゲ　ホイスコーレ

・HP: http://www.ryslinge-hojskole.dk
・mail: mail@ryslinge-hojskole.dk
・address: 5856 Ryslinge
・☎ 62 67 10 20　　タイプ　B　　定員　45名

　グロントヴィとともにデンマークのFHの歴史を語る上で、その名を欠かせないクリステン・コルが1851年に開校したFH。

主要科目：演劇

56. Rødding Højskole
レズィング ホイスコーレ

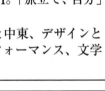

・HP: https://www.roedding-hoejskole.dk/
・mail: kontor@rhskole.dk
・address: 6630 Rødding
・☎ 74 84 22 84　　タイプ　A　　定員　100名

　1844年開校。世界で最も古く、長い歴史を持つFH。「旅立て、自分」が現在の本校のキャッチコピー。

主要科目：テキスタイルと手仕事、ジャーナリズムと中東、デザインとイノヴェーション、政治とアメリカ、音楽とパフォーマンス、文学と地平線、自給自足と農業。

57. Rønde Højskole
ロンゼ ホイスコーレ

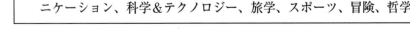

・HP: https://rondehojskole.dk/
・mail: post@rhe.dk
・address: 8410 Rønde
・☎ 86 37 19 55　　タイプ　A　　定員　100名

　英語で教えるクラスもあるFH。外国人学生の受け入れにも積極的。日本人留学生もほぼ毎年いる。

主要科目：看護・医療、心理楽・教育学、ジャーナリズ・メデアィ・コミュニケーション、科学＆テクノロジー、旅学、スポーツ、冒険、哲学

58. Rønshoved Højskole

ロンス ホゥベズ ホイスコーレ

- HP: http://www.ronshoved.dk/
- mail: info@ronshoved.dk
- address: 6340 Kruså
- ☎ 74 60 83 18　タイプ　A　定員　120名

　ドイツ国境にあるFH。グロンドヴィ思想に沿った学びを提供。デンマーク語とデンマークの社会・文化が英語で学べる。1921年開校。

主要科目：人文科学、創造、社会学、文化、スポーツ、アウトドア、デンマーク語、ドイツ語、英語他7言語の授業有り。

59. Scenekunsthøjskolen Snoghøj

シーネクンストホイスコーレン スノウホイ

- HP: https://www.snoghoj.dk/
- mail: info@snoghoj.dk
- address: 7000 Fredericia
- ☎ 76 24 15 30　タイプ　B　定員　90名

　演劇・ミュージカルのFH。オーディションを目指す若者が集まる。校内にはいつも歌声が響いているという。

主要科目：舞台芸術、舞台音楽、演劇

60. Senior Højskolen, Nørre Nissum

シニア ホイスコーレン ノーアニッサム

- HP: https://www.seniorhoejskolen.dk
- mail: susse@seniorhoejskolen.dk
- address: 7620 Lemvig
- ☎ 97 89 10 11　タイプ　F　定員　80名

　シニア向けFH。年配者向けのさまざま科目が用意されている。1週間〜2週間の短期コースでプログラムが提供されている

主要科目：自然、社会、創造、音楽、文学、芸術

61. Silkeborg Højskole
シルケボー ホイスコーレ

- HP: http://silkeborghojskole.dk/
- mail: info@silkeborghojskole.dk
- address: 8600 Silkeborg
- ☎ 86 82 29 33　　タイプ　A　　定員　128名

「自分自身と他者そしてお互いをより意識するため、意見の相違と合意を学ぶため若者達がについて集まるチャンスがある場所」（WEBサイトより）

主要科目：音楽、アウトドア、アート、体育＆ウオータースポーツ、チェンジメーカー。

---

62. Skals - højskolen for design og håndarbejde
スカルス -ホイスコーレン フォ デザイン オ ハナアーバイデ

- HP: http://www.skalshaandarbejdsskole.dk/
- mail: skals@skals.nu
- address: 8832 Skals
- ☎ 86 69 40 64　　タイプ　C　　定員　55名

手工芸を愛好する日本人女性達に圧倒的人気のある hygge な手工芸学校。もの作りをする時間と居心地のよい環境が整う。

主要科目: 衣服（ファッション）、織物、刺繍、手編み、革細工など。

---

63. Struer Højskole
ストルア ホイスコーレ

Velkommen på Struer Højskole

- HP: https://struerhojskole.dk/
- mail: mail@struerhojskole.dk　　address: 7600 Struer
- ☎ 97 85 08 22　　タイプ　F　　定員　37名

健康とウェルネスを重視した folkehøjskole。減量、健康的な生活習慣と身体を目指す。ストレス緩和、ヨガ、生活習慣をあらため健康を第一に考える。コースは長短、用意されている。

主要科目: ライフスタイル、ストレス、ヨガ

64. Suhrs Højskole
スアス ホイスコーレ

- ・HP: https://suhrs.dk/
- ・mail: kontakt@suhrs.dk
- ・address: 1126 København K
- ・☎ 33 12 80 53　**タイプ**　B　　**定員**　50名

　FHで唯一「食・料理」に特化したFH。学舎はコペンハーゲンのど真ん中にある。食、持続可能社会、気候変動、都市生活等を学ぶ。

主要科目: 料理、食学、栄養学

65. Teaterhøjskolen Rødkilde
テアターホイスコーレン ロズキレ

- ・HP: http://rodkilde.dk/
- ・mail: info@rodkilde.dk
- ・address: 4780 Stege
- ・☎ 55 81 45 20　**タイプ**　B　　**定員**　50名

　舞台芸術を本格的に学ぶ。学生、公立演劇学校もしくはオーディションのパスを目的に入学してくる。教師はみな一流。

主要科目: 演劇全般

66. Testrup Højskole
テストロプ ホイスコーレ

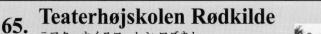

- ・HP: http://testrup.dk/
- ・mail: testrup@testrup.dk
- ・address: 8320 Mårslet
- ・☎ 86 29 03 55　**タイプ**　A　　**定員**　100名

　デンマーク文化とデンマーク人のメンタリティ、自由、民主主義、福祉の考え方、またスカンディナヴィアの伝統を知りたいならこのFH。

主要科目: 音楽、演劇、哲学、芸術、文章作法

67. Ubberup Højskole

ウベロプ　ホイスコーレ

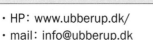

・HP: www.ubberup.dk/
・mail: info@ubberup.dk
・address: 4400 Kalundborg
・☎ 59 50 00 80　　タイプ　E　　定員　80名

　ダイエット専門学校である。「本校ですべての問題の解決が、すばやく簡単にできるとは約束できません。しかし学校終了後も自宅で継続してゆける健康的で永続的なライフスタイルの獲得できると信じています」。

主要科目: 栄養学(栄養と健康的食事計画を立てる方法を学ぶ)

68. Uldum Højskole

ウルドゥム　ホイスコーレ

・HP: http://www.uldum-hojskole.dk/
・mail: uldum@uldum-hojskole.dk
・address: 7171 Uldum
・☎ 75 67 82 11　　タイプ　A　　定員　100名

　90種のプログラムを提供し、それを6分野にわけている。その多彩さはホームページで確認して欲しい。圧巻。

主要科目:音楽＆演劇、心理学＆教育学、芸術＆デザイン、社会＆メディア、スポーツ＆水泳、人類学＆自然科学

69. Ungdomshøjskolen ved Ribe

ウングドムスホイスコーレン　ヴェズ　リーベ

・HP: https://www.uhr.dk/
・mail: kontoret@uhr.dk
・address: 6760 Ribe
・☎ 75 44 50 04　　タイプ　F　　定員　80名

　16歳〜19歳までの青少年FH。将来をはっきり決めていない青少年が様々なことにチャレンジできる。外国人学生も受け入れている。

主要科目:音楽、アート、デザイン、スポーツスキル向上、E-スポーツ、調理、神学、哲学、心理学

70. Vallekilde Højskole
ヴァレキルゼ ホイスコーレ

- ・HP: http://vallekilde.dk/
- ・mail: vallekilde@vallekilde.dk
- ・address: 4534 Hørve
- ・☎ 59 65 60 45　タイプ　A　定員　125名

　グロンドヴィの教育思想に則った教育活動を保ちつつ、時代に即した新しい科目を取り入れているFH。

主要科目：イベントとリーダーシップ、映像編集、デザインと物作り、ゲーム開発、ジャーナリズム、作家、PODCAST

71. Vejle Idrætshøjskole
ヴァイレ イデラッツホイスコーレ

- ・HP: https://vih.dk/
- ・mail: kontor@vih.dk
- ・address: 7100 Vejle
- ・☎ 75 82 08 11　タイプ　C　定員　150名

　スポーツの経験や得られる喜びを私物化せずスポーツ通して自分を考え多く人と交流し、社会にいい影響を与えたいと考える。

主要科目：球技、マインドフルネス、フィットネス、アウトドアスポーツ、トライアスロン

72. Vestjyllands Højskole
ヴェストユラン　ホイスコーレ

- ・HP: http://www.vestjyllandshojskole.dk/
- ・mail: kontor@vestjyllandshojskole.dk
- ・address: 6950 Ringkøbing
- ・☎ 96 75 37 77　タイプ　A　定員　80名

　本来は演劇や芸術系の科目が中心のFH。環境問題やSDGsに関心の高い日本の若者に人気がある。自前の畑も待つ。

主要科目：ダンス、音楽、歌唱、演劇、料理、作家、絵画、陶芸、パーマカルチャー

73. Viborg Idrætshøjskole
ヴィボー　イデラッツホイスコーレン

- HP: http://vibogih.dk/
- mail: info@giv.dk
- address: 8800 Viborg
- ☎ 86 67 20 11　　タイプ　C　　定員　125名

　ユラン半島北部にある歴史ある体育学校の一つ。 体育教育を通じてリーダーシップ教育と民主主義を養うことを目的として 1951年に開校した。

主要科目: 体操・球技、アウトドアスポーツ、ライフスタイル、警察予備コース(デンマーク人のみ)

74. Vrå Højskole
ヴォロ ホイスコーレ

- HP: http://www.vraahojskole.dk/
- mail: info@vraahojskole.dk
- address: 9760 Vrå
- ☎ 98 98 10 10　　タイプ　A　　定員　95名

　「本校は人生のための知識を得ることと仲間(友達) が欲しいと思う人の学校です。本校で新しいことや自分が得意なことを向上させたい人のための学校です」―同校 Websiteより。

主要科目: 音楽、芸術&デザイン、写真とメディア、言葉と社会

75. Aalborg Sportshøjskole
オールボー　スポーツホイスコーレ

- HP: http://www.sportshojskolen.dk/
- mail: sph@sportshojskolen.dk
- address: 9000 Aalborg
- ☎ 98 13 13 11　　タイプ　C　　定員　100名

　スポーツを通じた人間形成と地域社会に貢献できる人材の育成を目標とし、学生達の才能の発見し、それを伸ばすこと目指ざす。

主要科目:フィットネス&身体作り、運動&応用、アウトドアスポーツ、乗馬、ユニフォームジョブ、ウエイトリフィティング

第3章

学費について

Hvad koster det ?

Folkehøjskole 留学にかかる費用

　Højskolenes Hus(ホイスコーレネスフース、デンマーク国民高等学校協会）ホームページを見ると、FH に長期コース（2-10 ヶ月）で留学した場合の平均費用は週 1,700kr。しかし各校の表示価格は、週あたり 1,200kr ～ 2,500kr です。短期コースの料金（1 ～ 2 週間）は、1 週間は 5000kr、2 週間は 6800kr が平均です。これは後述しますが、価格に含まれているものが各校で異なるからです。ただし学費、宿泊費、3 食の食費は、必ず価格に含まれています。

　冒頭の繰り返しになりますが FH の費用は、普通以下のよう週単位で示されています。

　Pris: 2000 kr pr. uge ＝価格：2000kr/ 週

　示された金額に滞在週数をかければ、おおよその滞在費用になります。

　価格には、基本的には①授業料、②宿泊費、③食費（3 食）、④基本的な教材費、⑤事務手数料（登録料・入学金）⑥研修費　⑥が含まれすが、実は①は基本的に無料です。リネン類（外国人はレンタルになることが多い）の費用は含まれていません。しかし学校によっては④と⑤⑥が別立てのこともあります。Akov højskole と Bornholms højskole の費用を比較してみましょう。Akov højskole は単位がユーロです。

● Akov Højskole

Dansk sprog og kultur（デンマーク語と文化コース）
Forår　24 uger. Start: 3. januar 2022
Pris: 180 Euro pr. uge (inkl. højskolerejse)

　これは 1 月 3 日授業開始の 24 週のコースで、費用は 180 Euro pr. uge（180 ユーロ / 週）で①～⑥の費用が含まれています。Uger は週の意味ですから 180Euro に 24uge をかければ総額（4320 ユーロ）はでてきます。総額には授業料、宿泊料、食事代（3 食）基本的な教材費、そして同校の場合は、inkl. højskolerejse（研修旅費含む）とあります。また短期コースしかもたない学校は、そのプログラム毎に学費を表示しています。

● Bornholms Højskole

Pris pr. uge:

1.450 kr. i 2021

1.550 kr. i 2022

1.595 kr. i 2023

Tillæg på 200 kr. pr. uge for enkeltværelse (begrænset antal).

Materialepriser: 150 kr. – for hvert af de 2 af de to A-fag – i alt 300 kr. pr. uge.

Rejseuge: max. 4.000 kr.

Bornholms højskole は教材費（Materialepriser）が、週に最大300kr と研修旅費（Rejseuge）が最大 4000kr かかると明記されています。また Hertil kommer indmeldelsesgebyr på 1.000 kr., som ikke refunderes ved framelding.（また、登録料は 1,000 デンマーククローネで、退会しても返金されません。）とも書かれています。登録料は学費の総額に含まれることが多いのですが、そうでない学校もあります。

従って、最終的な滞在費用の詳細と総額は、入学手続きをし、入学が許され、学校から入学許可のレターが届くまでわかりません。また 留学にあたり留学査証（ST1）を必要とする場合、査証取得のための ID 取得費用（2100kr、約 4 万円）を請求されるケースも増えています。登録料と ID 取得費用は、留学をキャンセルしても返金されません。

ここでは主に 8 月半ば〜12 月半ば（概ね 4 カ月）までの秋コースと 1 月初旬〜6 月中旬（概ね 5 月半）までのコースの価格を説明しましたが、いくつかの学校で 1 週間、4 週間、6 週間、8 週、12 週など、滞在許可（査証）を必要としないコースも用意されていますので各校のホームページを見てください。ただ短期コースは長期コースに比べて 1.5 倍〜2 倍ほどの費用がかかります。逆に滞在が半年以上に亘ると学費が安くなる学校も一部にあります。

また表示金額は相部屋（二人部屋）宿泊を基本にしています。個室を希望する場合は概ね 200kr 〜300kr/ 週増しになります。また一部の学

ある留学生に届いた FH からの費用請求書。 この学校の場合は Visa-fee（査証取得費用）も請求項目に入っています。

校では 3 人部屋を希望した場合、学費が安くなります。

　費用の注意点をいくつか説明しておきます。
1. 宿泊費：例えば事情があって日本に一時帰国して１週間滞在しなくとも宿泊費はもどってきません。学校によって鍵代金を預かることがあります。これは退校時に戻ります。また部屋の器物を故意に傷つければ修理費を請求されます。
2. 食費：なんからの理由で学校を留守にする場合、事前に申告すると食費が日割りで戻される学校もあります。
3. 　教材費：学費に含まれていることが多いですが、芸術系、手芸系、スポーツ系の学校は別途請求する学校が多いです。教材費の中に歌集や学校独自のグッズがセットになっている場合もあります。
4. 研修旅費：概ね 2000kr 〜 12000kr の範囲の費用です。4000kr 以上は外国旅行が多くなります。欧州を始め、アフリカやネパール、インド、中東、アメリカなど学校の特徴を出した研修先が用意されています。Silkeborg Højskole は日本への研修旅行の用意しています。

ただし現在はコロナの影響で遠出はしなくなっています。

5. 登録料は、前途金、入学金とも表示されています。金額は 1000kr
～ 2500kr くらいです。登録料は通常、エントリーして、学校から
の入学の許可とともに、学費と一緒に案内され、登録料は入学許可
到着後概ね 2 週間以内に支払わないと申し込みは取り消されます。
登録料が学費に含まれている場合は、登録料を学費総額から差し引
いた額を指定日までに送金します。

6. キャンセル：よんどころない事情で留学ができなくなった場合、多
くの学校は各校の規定に従って、学費を返金してくれます。ただし
繰り返しますが、登録料や査証取得のための ID 取得費用（2100kr。
すでに学校が取得していた場合）は戻ってこないと考えていいで
しょう。自己都合のドタキャンは、欧米の私立学校と違い、政府か
ら補助金をもらって運営する FH。にとって大打撃になります。で
きるだけキャンセルは避けましょう。

留学費用の調達

　Folkehøjskole 留学は、秋コース（4 カ月～ 5 カ月）で、渡航費その
他も含めて約 100 万を用意するのが安心です。秋春 2 期いくのであれば
150 万円は用意したいです。もちろんそれ以下もろもろ節約に努めれば、
それ以下にもなります。

　しかしここで提案したいのが、「自分で用意したそのお金に手をつける
のは最後の手段」と考えです。学生であれば所属する学校や住んでい
る自治体に留学支援の奨学金制度がないか調べてみましょう。学部学生
であれば「トビタテ ジャパン」と官公の協力で設立された返済不要の奨
学金を利用するものよいでしょう。また大手企業や慈善団体、財団が奨
学資金を提供していることもあります。良く調べて、貰えるもなら貰お
うという考えで申請してみましょう。ただし奨学金を受けた団体には留
学中や帰国後にきちんと留学の成果を報告しなければなりません。

学費送金

　入学が認められると多くの学校は、メール到着後 14 日以内に、事務手数料のような代金を支払うよう案内してきます。学校により額が違いますが、日本円で概ね 20000 円～ 40000 円です。これは入学金あるいは前途金にあたるもので、これを支払うことであなたの「席」が確保されます。14 日以内に払わないと原則「席」は取り消されます。この入学金は学費に含まれることが多いです。学費全額は開講日の 3 カ月～ 2 カ月前までに支払うよう指示してきますが、いくつかの学校は速やかに全額を支払うよう指示してくることもあります。文面をよく読んで支払い期日は守りましょう。支払期日にどうしても間に合わないのなら、その旨を学校に伝えて相談して下さい。

　送金方法は、現状では、銀行などの金融機関を通じて支払うのが一般的で、安全です。海外送金する場合に必要なものは、

1. 学校情報（正式名称と住所、電話番号）
2. IBAN（コード）nr. 例：DK 12345678 － 1234567
3. BIC（コード、SWIFT とも書かれる）例 :JYSPDK 2G
   　　　＊ 2 は学校の銀行口座番号、3 は銀行番号です。
4. 学校入学許可レター（送金金額がかいてあるものを銀行にみせます）
5. マイナンバー
6. ご自分の銀行通帳
7. 印鑑
8. 身分証明書
9. 金融機関指定の送金書類（すべて大文字で記入）

　銀行窓口での送金費用は、全部で 1 万円（2022 年 1 月現在）ほどかかります。ですから入学金と学費残金を分けて払うと 2 万円の送金料になります。WEB サービス（事前登録が必要）を利用し、自分で送金すれば、費用は窓口利用の約半額で済みます。しかし WEB から自分で送金手続きをする場合、くれぐれも入力ミスをしないようにしなければなりませ

ん。入力ミスをすると送金ができません。とくにデンマーク語の æ、ø、
å の特殊文字には注意せねばなりません。国際表記では æ=ae、ø=oe、
å=aa と書くようになっています。

　一部ですがカード決済できる学校もあります。これだと送金料はかか
りません。しかし学生の場合は、高額な学費は、カード決済の使用限度
額を考えると、たぶん無理だと思います。

　また「Wise」という格安の送金サービスがありますが、これは少額の
海外送金に適しているもので、学費のような高額送金をするのにはお勧
めしません。やはり金融機関を通して送るのがいちばん信頼できます。

　送金しても、学校から代金受領の知らせは、まず、きません。心配で
あれば、自分で着金したかどうか、送金控えを添付してメールで学校に
確認してください。また学校が外国（デンマーク以外の）の銀行口座に
送金を指示してくることはありませんので気をつけてください。

　　＊金融機関から送金する時「受け取り料金」について聞かれます
　　　が、これは送金者（自分）が負担してください。2500 円程度です。
　　　それから数年前、学費振り込みを異なる国の銀行口座を示され、
　　　学費を詐取されるという事がありました。デンマークの FH がデ
　　　ンマーク王国以外の銀行振り込みを指示することはありません。

FH でしない方がいいこと。

① 「ピース」 はやめよう。

　学校だから写真を取られることも多いと思いますが、カメラを向けられたとき「ピース」をするのはだけはやめましょう。写真を撮るときにピースサインをだす習慣はデンマーク人にはありません。

② お酒を注がない

　パーティなどデンマーク人は、お酒は自分で注ぐことが多い。ワインを注ぐのはウェーターか自分。とくに女性が注いであげたりすると相手はビックリします。

③ 人の容姿について言わないこと

　日本人社会ではいまだに、人の容姿をあげつらう会話をよく耳にします。TVなどでお笑い芸人が容姿の特徴を指摘して笑いをとりますし、女性タレントのプロフィールに体型の数値が書かれていたりします。しかしこれはデンマークでは完全なレッドカードです。

④ おごったりおごられたりしない。

　「今日は招待します」と言われた上で、食事をごちそうなるのは良いですが、誘ったのは相手だから自分はらわなくて良い、ということにはなりません。また男性がデンマーク人女性に特別な理由もなし、「僕がおごります」というと不快に思われます。

第4章

滞在許可の取得手順
Om Visum

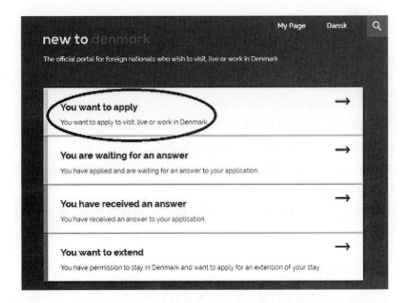

　Folekhøjskole に入学しデンマークに 90 日以上滞在する場合、デンマーク政府から滞在許可を得ることが必要になります。種類は 2 種類。留学査証（ST1）とワーキングホリデー査証（WH1）です。申請はほとんどがオンライン申請です。
※ New to Denmark：https://www.nyidanmark.dk/en-GB
※ 90 日以内の留学は滞在許可は必要ありません

Folekhøjskole に入学しデンマークに90日以上滞在する場合、デンマーク政府から滞在許可を得ることが必要になります。種類は2種類。留学査証（ST1）とワーキングホリデー査証（WH1）です。申請はほとんどがオンライン申請です。

　※ New to Denmark：https://www.nyidanmark.dk/en-GB
　※ 90日以内の留学は滞在許可は必要ありません

留学までの手順

1．エントリー
2．学校からメール
3．事務費＆学費振込み
4．ST1,WH 1申請、出発の90日前以降，
5．用意するものは、①パスポート全コピー、②銀行残高証明書、記入済み申請用紙）③宣誓書
　　ST1:CaseID 取得領収書と学校学費送金控え
6．書類を PDF 化して、WEB から申請時に添付。
7．VFS にて申請予約の上、申請後14日以内に指紋認証、顔認証を登録に行く。
8．滞在許可が下りたら（文書で自宅到着）、飛行機予約、ホテル予約
9．出発

現地到着後

10．現地で到着後5日以内に滞在許可のレターとパスポートを役所に持参し、住民登録
11．滞在許可と健康保険の両カードが手元に届く。

コロナついては、在デンマーク日本大使館をご参考ください。
　　https://www.dk.emb-japan.go.jp/itpr_ja/taizai-covid19.html

留学査証とワーキングホリデー査証の違い

【お断り】

1) 第8章、第9章で書いていることは、SIRI（デンマーク移民局、The Danish Agency for International Recruitment and Integration）のホームページ内容や、これまで留学された方のお話、私たちが経験したことをもとに書いてます。しかし査証に関する情報は頻繁に更新されます。ですのでここに書かれている内容は、<u>100％正確ではないという認識で読んで下さい</u>。

2) 査証の申請方法や条件は、世界情勢やその国の政権交代や社会制度の法律が変わるとその都度変更される可能性があります。

3) 従って申請時には必ず最新の情報をチェックするようにして、査証取得は自己責任だと認識して下さい。疑問があればSIRIに直接聞いて確認して下さい。

4) COVID-19のないことを前提で書いています。

5) 第8章、第9章ではFolkehøjskole ＝ FHと表記します。

【留学査証：ST1】

＊留学査証は長期留学（90日以上）に対応した滞在許可を伴う制度で、基本的に学校入校日から退出日までの滞在許可です。但し最近は入出国前後に余裕をもたせる日数が加えられることが多い。

＊申請時に学校の書類（Part1）と申請者の書類（Part2)が必要

＊申請にお金がかかる（1900kr)。

＊取得までの期間は約2カ月。

＊複数のFHに滞在するの場合は、学校毎に滞在許可を取らなければならない。

＊留学査証ならどのFHにも入学ができる。

＊アルバイトができない。

【ワーキングホリデー査証：WH1】

＊入国日から 365 日間、住所が決まっていればデンマークに滞在可能。

＊アルバイトができる：最大 6 ヶ月、正規職は不可。

＊申請者が単独で申請ができ、（現状では）申請にお金がかからない。

＊取得までの期間は約 3 カ月。

＊デンマーク語コースや英語で受講できるコースをもたない FH には入学できないことがある。

＊申請者には条件がある。

1. 日本国籍かつ日本在住であること
2. 主な滞在目的が休暇であること
3. 申請時の年齢が 18 ～ 30 歳であること
4. 子どもの同伴不可（独自の査証や居住許可証を持っていれば可）
5. これまでにデンマークのワーキングホリデー査証を取得したことがないこと
6. 有効なパスポートを所有していること
7. 往復航空券または購入できる資金を有していること
8. 滞在資金 15,000 クローネ（約 24.3 万円）を有していること
9. 健康かつ犯罪歴がないこと

【申請のタイミング】

　ST1 は渡航の 2 カ月前、WH1 は渡航の 3 カ月前が目安。早すぎると、書類を受理してくれないことがあります。また WH1 を申請した後、渡航までの期間が長すぎる（6 カ月や 10 カ月先）と滞在許可は下りません。

【パスポートの有効期限を確認する】

　申請した期間の最終日が、パスポート期限の 3 カ月以内にかかっていると、365 日分の滞在許可が下りません。ご自分のパスポート期限が、滞在最終日の 3 カ月以内にあるなら、新しいパスポート取得してから申請して下さい。

【顔認証と指紋認証登録は申請後 14 日以内】

　オンラインで長期滞在許可申請が終わって 14 日以内に、VFS.GLOBAL ビザ申請センター（東京・港区）へ行って登録しなければなりません。過ぎると特別な理由がない限り申請は取り消されます。

　※ VFS Global の公式サイト
　　https://www.vfsglobal.com/Denmark/Japan/Japanese/Working-Holiday.html

【海外での長期滞在許可申請】

　海外に居てもオンラインで申請はできますが、顔認証と指紋認証は現地の指定された場所へ行き登録しなければなりません。FH に入学する前に、数カ月の語学留学を別の国でする予定がある場合、事情を説明して申請を早く受け付けてもらうことは可能です。

査証の申請手順

● 留学査証：ST1 申請手順

【概要】ST1 申請には、留学生を
受け入れ情報が書かれた**学校が
提出する書類（Part2）**と留学者
本人の個人情報が書かれた書類
（**Part1**）**が必要**です。Part2 は留
学生が学費を全額支払うと学校
が作成して、SIRI（デンマーク
移民局）にオンラインで提出し
ます。そして学校から留学生希
望者に、その書類を特定するキー
ワードとパスワードが送られて
きます。留学生は、目当ての書
類を開けて Part1 を記入して申
請書類を完成させていきます。
※紙の書類では学生が Part オン
ラインだと、学校が Part1 となる。

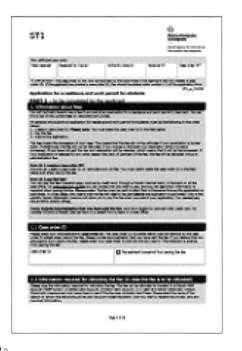

＜ Case order ID の取得＞

　ST1 申請するには、事前に Case order ID（識別番号) を取得（有料
2000kr、2021 年 1 月現在）する必要があります。

　これからその手順を説明します。

　但し、最近は留学先の FH が取得費用を学費とともに請求して Case
order ID を取得し、ST1 を記入して留学生に送ってくることが多くなっ
ています。ですから FH が取得した場合は留学希望者が Case order ID
を取得する必要はありません。

1. Case order ID の取得－ Create case order ID
①インターネットで「New to Denmark」のページを開ける。

② You want to apply
③ Study
④ Folk high schools
⑤ How to apply
と、進み、開いたページの❶ Create case order ID を開きます。
氏名、パスポート番号、メールアドレス（携帯メールアドレスは避けた方がよい）を入れて「Create case order ID」をクリックすると自分のID 番号が表示されます。その番号を控えます。
　＊「Are you exempt from paying the fee?」は、「No」でかまいません。

2. Case order ID 取得費用の支払い（領収書の保管）– Pay the fee
　次は支払い（クレジットカード決済）に進み、支払いを済ませます。クレジットカードがベストです。本人名義のカードが良いです。最終画面、もしくは記入したメールアドレスに「領収書」が届くのでそれを印刷して大切に保管しましょう。査証申請時に必要です。

3. 必要書類の準備 – Gather documentation
①パスポートの全ページのコピー（表紙を含む）
②英文残高証明書（50 万～ 100 万）
③学費送金の控
④ケース ID 取得時の代金を支払った「領収書」
⑤留学者本人署名入り宣誓書（declaration 申請書類に含まれる）

4. 申請書類記入 – Complete the application form
　※入力は、メールアドレス以外は、すべて大文字。
　オンライン申請：オンラインで申請する場合は、オンラインで申請書ST1 を選択する必要があります。ST1 オンラインフォームでは、FH はフォームの 2 つの部分の最初の部分を完了する必要があります。FH がPart2 の記入を完了すると、参照番号とパスワードが示され、FH はその2 つを留学生に伝えます。

【手順】まずインターネットで「New to Denmark」のページを開けます。
次に、You want tp apply → study → Folk high school → How
to apply → complete the application form → Use the on line
form ST1 → Welcome to newtodenmark.dk self-service をよ
く読み、student にチェックを入れて Next をクリック→入力開始

5. 申請書類を送信 – Submit the application
　申請者 Part の記入をすべて完了したら、3 の書類を準備します。
自分の署名（サイン）をした Declarations（宣言書）をスキャン（PDF 化）
し他の書類とともに添付します。そして送信。**書類提出終了画面を保存、
プリントアウト（6 で必要）して下さい。**

6. 生体認証（顔と指紋の登録）– Biometrics
　オンラインでの、**申請書提出から 14 日以内に生体認証を行う必要があ
ります。14 日以内に実行しないと申請は取り消されます。**生体認証は、
海外のデンマーク指定の機関、生体認証を記録する施設があるデンマー
クの地方警察署、または SIRI（デンマーク移民局）の市民センターで記
録できます。**日本は、VFS.GLOBAL ビザ申請センターで生体認証を記録
します。** また指定された機関で、14 日の制限時間内に生体認証を記録で
きない場合は、生体認証を記録する日時を SIRI にメールで知らせ申請の
取り消しを防ぐことができます。

● VFS.GLOBAL ビザ申請センターでの生態認証登録

【持参するもの】
1）パスポート
2）オンライン申請完了がわかる書類。
3）代行手数料（4,000 円程度）と書類発送料（2,000 円程度、VFS.
　GLOBAL 窓口で受け取るのなら必要なし）。
　【VFS.GLOBAL ビザ申請センター】（2020 年 12 月 1 日現在）
　〒101-0014 東京都港区芝 1-4-3 SANKI 芝金杉橋ビル 4F

https://www.vfsglobal.com/Denmark/Japan/Japanese/index.html
※上記の情報・価格は変わる可能性があります。

7. 待機：Receive an answer
　２カ月以内に結果は出ます。申請についての質問を、日本のデンマーク大使館に連絡するのは不可です。現地（SIRI）に直接問い合わせて下さい。https://www.nyidanmark.dk/en-GB/Contact-us
デンマーク大使館から「滞在許可」の文書があなたの現住所に届きます。

8. 滞在許可レターが届いたら
①自分の名前の表記と生年月日を確認
②コピーを取る
③そしてこの許可証とパスポートもって現地到着後５日以内に現地の役所に出向いて住民登録をします。これは211pで説明します。

● ワーキングホリデー査証：WH 1申請手順

　デンマークは、アルゼンチン、オーストラリア、カナダ、チリ、日本（2012年から）、ニュージーランド、韓国とワーキングホリデー協定を結んでいます。ワーキングホリデー協定は、これらの国の若い市民に互いの文化や生活様式について学ぶ機会を与えるために作られました。目的は、各国間の相互理解をさらに深めることです。契約は、上記の国の若い市民を、デンマークに最長１年間滞在する許可を与えることができることを意味します。**申請者には条件があります**（192p参照）。

1. 必要書類の準備 – Gather documentation
①パスポート：表紙を含むすべてのパスポートの全ページのコピー
②預金残高証明書（15,000 クローネ以上）
③往復航空券（ない場合は、あとで航空券を購入できるだけの資金を上乗せした分の残高証明書）
④海外旅行保険加入証明書

2. オンライン WEB 申請 – Complete the application form
New to Denmark → You want tp apply → Working Holiday → How to apply → complete the application form → Use the on line form WH1 → Start a new application without using NemID にチェックを入れ、user ID とパスワードを控えます。→ Next をクリック→（入力開始。入力はメールアドレス以外は、すべて大文字）。

　　注意！）記入時に、Appicant's commnts（申請者コメント）欄に「勉強したい」「研究したい」「学びたい」などは書かないこと。要「留学査証申請」と判断されて申請が却下されることが多い。

3. 生体認証（顔と指紋の登録）– Biometrics
　オンライン申請書を提出した場合、提出から 14 日以内に生体認証機能を記録する必要があります。
　生体認証登録は、海外のデンマーク指定の機関、生体認証を記録する施設があるデンマークの地方警察署、または SIRI の市民センターで記録できます。
　日本は VFS.GLOBAL ビザ申請センターでします。
重要）諸事情で 14 日以内に予約をすることができず、14 日の制限時間内に生体認証機能を記録できない場合は、生体認証を記録する日時をメールで SIRI に知らせます。これにより、申請の取り消しを防ぐことができます。
【VFS.GLOBAL ビザ申請センターで生態認証と写真を登録】
以下を持参して下さい。

※パスポート

※オンライン申請完了メールを印刷したもの

※代行手数料（4,000円程度）と書類発送料（2,000円程度、VFS. GLOBAL　窓口で受け取るのなら必要なし）

VFS.GLOBAL ビザ申請センター（2020年12月現在）

〒101-0014　東京都港区芝1-4-3 SANKI芝金杉橋ビル4F

https://www.vfsglobal.com/Denmark/Japan/ Japanese/index.html

※上記の情報・価格は変わっている可能性があります。確認して下さい。

4. 待機 – Receive an answer

※最大3カ月以内

デンマーク大使館から「滞在許可」の文書があなたの現住所に届きます。

5．滞在許可書レターが届いたら

①自分の名前の表記と生年月日を確認。

②コピーを取る。

③そしてこの許可証とパスポートもって現地到着後5日以内に現地の役所に出向いて住民登録をします。これは211pで説明します。

【VFS.GLOBAL に出向くときの注意】

　VFS.GLOBAL に出向くには、サービス利用のためのアカウントを登録し、申請予約（日時指定）を取らなくてはなりません。手順に従ってやって行けばWEB上でカンタンに受付予約はとれますが、 問題は申請が混み合っている時期になると、希望通りに日取りができないことです。生体認証は申請後14日以内に実行しなくては、なりませんが、予約日が1カ月先になることがよくあります。

　こんな時はメールか電話をして、理由を言って、予約日を1ヶ月以内にしてもらいましょう。VFS.GLOBAL は、デンマーク関連の業務だけを行っているわけではなく、何カ国もの査証申請の受付窓口をしていま

すから、メールの返答などはやや遅いこともありますが、ホスピタリティ
は概ね良好です。電話での予約変更にも応じてくれます。予約時間に遅
れないように行きましょう。また VFS.GLOBAL は生体認証の単なる受
付窓口であり、査証申請の内容に関わることを相談する所でないことも
覚えておいて下さい。

【査証に関するよくある質問】

　※回答は基本的に COVID-19 状況下を想定していません。

質問：8 月－ 12 月で A 校、1 月－ 6 月 B 校に留学査証で留学したい。査
　　　証は、1 回で済みますか。
回答：A 校と B 校、それぞれの滞在許可を取らなくてなりません。

質問：8 月 15 日から学校が始まる（査証は取得済み）が、友人がデンマー
　　　クに住んでいるので 2 週間ほど早く入国したい。
回答：無条件で滞在できる 90 日間（6 ヶ月間で）制度（通称、観光ビザ）
　　　があるので大丈夫です。この 90 日間は長期査証に含まれません。

質問：6 月 20 日に留学ビザ（ワーホリ査証）が切れます。でも 6 中旬、
　　　ある FH の短期コースに 2 週間参加したいです。 90 日間のいわゆ
　　　る「ビザなし滞在」を利用したいのですが大丈夫ですか。
回答：大丈夫と思います。以下のような移民局の説明があります。

　If you have been staying in Denmark or in another Schengen
country with a residence permit or on a long term visa limited to
another Schengen country (D visa), this stay is not included in
the 90 days in any 180-day period, that you can stay in Denmark
on a visa or on a visa free stay.

（デンマークまたは他のシェンゲン協定国に居住許可を持って滞在してい
る場合、または他のシェンゲン協定加盟国に限定された長期ビザ〈D ビザ〉

で滞在している場合、この滞在は180日間の90日間には含まれません。ビザまたはビザなしの滞在でデンマークに滞在することができます）。

　ただしある留学経験者はこう言っています。

　「デンマークの移民局で念のため確認して、ワーホリが切れてからもVISAなしで滞在してOKとのこと確認しました。ただし、ワーホリが切れる前に一度デンマークから出国して、再入国する必要があると言われたので、私は長期査証が切れる前にマルメ（スウェーデン）に出てました。これも移民局に確認してマルメで問題ないとのこと確認しました」

　いったん出国したという証明は電車の切符でも大丈夫のようです。でも、あなたが留学査証使用前に「ビザなし滞在」を60日間使い果たしていたら、残りは30日間です。また上記の留学経験者はこう付け加えています。「いずれにしても査証は最終的に自己責任です」。

※コロナ禍のような天変地異があれば、変更もあります。必ず移民局に確認をとってから行動に移って下さい。

質問：現在、留学査証で滞在しています。アルバイト先が見つかったので、ワーキングホリデーで滞在を延ばしたい。

回答：留学査証からワーキングホリデーへの切り替えは可能です。ワーキングホリデーから留学査証への切り替えも可能です。しかし後者は滞在根拠（留学する学校へ入学決定し費用も支払い済みであること）が必要です。滞在期限が来る3カ月くらい前に申請しなければなりません。

質問：6カ月の留学滞在許可がありますが、滞在を伸ばす可能性もあるので、片道チケットで行きたい。

回答：帰国日が変更可能な往復チケットを購入した方が良いです。一部の航空会社は片道チケットでは搭乗させてくれませんし、入国の際にも拒否される可能性があります。なお飛行機で帰国日の変更は有料です。

質問：現地滞在中に家族の結婚式があり、帰国しなければなりません。

再入国は可能ですか。

回答：滞在許可期間中に往復できるのなら、問題ありません。

質問：留学査証でFHに滞在しています。アルバイトはできますか？

回答：できません。

質問：ワーキングホリデービザで、デザイン専門のFHに入学を申し込んだら、入学を断られました。なぜですか？

回答：デザイン専門FHには、語学を習得するプログラムがありません。つまり「勉強」だけする学校ですから「留学査証」でないと入学を認めないのです。ワーキングホリデービザで、入学できる学校かどうか、事前に尋ねるといいですね。

質問：急に長期留学（6カ月）を決めたため、日本で査証申請は済ませましたが、結果を待たずに渡航しなければなりません。大丈夫でしょうか？

回答：90日間は無条件で滞在できますから、その間に許可が下りれば滞在は可能です。滞在許可の書類があなたの指定した日本の住所に届いたら、即座にそれをあなたの留学先に転送できるよう準備をしておいて下さい。長期の滞在許可なし渡航する時は、6カ月先の帰国日が入った往復チケットは購入せず、90日以内往復航空券のものにして下さい。なぜなら航空券にある帰国日が6カ月先なのに、6カ月の滞在許可が下りていないのは整合性がなく、飛行機への搭乗を拒否されるからです。実際、航空会社に搭乗拒否をされ、その場でチケットを買い直して渡航したケースがあります。ただし搭乗拒否をされるのは、すべての航空会社ではありません。ですので事前に買い求めた航空券の会社に確認してみて下さい。スカンジナビア航空（SAS)の航空券であれば、査証申請中の書類と留学先学校の入学許可を示す書類を見せれば搭乗できると聞いていますが、保証の限りではありません。私たちが知る範囲では、フィ

ンランド航空とルフトハンザ航空は上記のケースでは搭乗を認めない、と聞いています。

質問：来年1月～12月まで、留学査証でFHに行きたいのですが。

回答：留学査証で1月～12月のFH滞在はあまりお勧めはできません。途中に長い夏休みがあり、その間の滞在根拠がないので、滞在許可が下りにくいのです。ただ滞在する学校が1校であれば、100%ではありませんが、1回の申請で滞在許可が認められることもあります。ただFHをいったん出て、次期の開講まで、デンマーク国内で待つとなると、滞在費用が嵩むことは覚悟して下さい。

質問：8月～12月コースでFHに留学査証で留学中です。この学校の1月～6月コースも参加したいと考えています。滞在延長申請はできますか？。

回答：可能です。現在の滞在許可が切れる前（3カ月前）に延長申請しなければなりません。期限が切れる前に延長を申請しないと、デンマークに滞在する権利がなくなり、デンマークで提出された申請は通常却下されます。ただ延長申請する場合、許可の期限が切れても、移民局で延長の申請を処理している間は、FHに滞在することができます。延長申請は、現在持っている滞在許可の有効期限が切れる3カ月前までに申請して下さい。また延長の条件として、コース（授業）に積極的に参加していることが許可延長の条件です。留学生が著しく学校の授業に出ない状態が続くと、学校は移民局に通知します。

留学のストレス

　外国で学ぶ日本人留学生の心の問題について調査し報告された本
は、意外に見あたりません。しかし『日本人留学生のアイデンティ
ティ変容』（末広美樹著、大阪大学出版会刊）を読むと、言葉の壁、
その他の要因で留学先の学校や社会に馴染むことができず、心のバ
ランスを崩す学生は意外に多いようです。なかには追い詰められて、
帰国を余儀なくされるケースもあるそうです。あの夏目漱石でさえ、
英国に留学しロンドンで一人暮らしをして、周囲に「漱石狂せり」
と言わしめるほど引きこもってしまいました。

　明治国家の使命を一身に背負った日本人留学生でも、現在の恵ま
れた条件で留学を実現している現在の日本人留学生でも、「質」はど
うあれ外国に身を置いて強い疎外感を持つことは共通しているので
はないかと思います。学校が始まって１〜３カ月は、周囲とのコミュ
ニケーション不足でストレスを感じる経験はだれにでも起こる、と
考えていた方がいいと思います。

　ストレスの原因の多くは言葉の問題ですが　最初から言葉を全部
わかろうとするのは不可能です。大学で十分語学学習の経験を積ん
だ人でも、たいてい最初はチンプンカンプンです。

　大事なのはFHの毎日をきちんと過ごすこと。それが、最初に起
きる心のつらさを克服していくいちばんよい方法だと思います。授
業を休まないことはもちろんですが、学校や生徒が企画する行事に
積極的に参加して、毎日を楽しいものするようにしましょう。自分
ひとりで勇気がないなら、他の日本人留学生についていったり誘っ
たりしながら、学生生活に溶け込むようにしてみてください。

第 5 章

私の留学体験

Mit folkehøjskole liv

ここで使用されている「フォルケホイスコーレ」は、それぞれの
著者の原文を尊重したものです。

「できるよ。君が決めるんだ」

入江朱珠琳

留 学 先：クラベスホルムホイスコーレ
留学期間：2020 年 8 月〜12 月
学習科目：グラフィックデザイン
留学前職業：エディトリアルデザイナー
留学後職業：グラフィックデザイナー
留学時年齢：29 歳
現在の職業：グラフィックデザイナー

　わたしは 29 歳のときに 5 年ほど勤めた会社を辞め、デンマークへ留学しました。仕事を辞めて留学することに不安はなかったかといえば嘘になります。ですが、実際に留学を終えて思うことは、行って良かったという揺るぎない思いです。

　クラベスホルムでの授業はどれも新鮮でユニークなものでしたが、とくに印象的だったのは一週間だけアートの先生がグラフィックデザインの先生になった時のことです。

　「距離」をテーマに、距離をとることに意味がある作品を作りましょう、というものでした。あまりに予期せぬテーマに一瞬、頭が真っ白になりました。

　それはデンマーク人たちも同じだったようで、まずはネットなどから情報収集を始めました。最終的に、遠くから見ると絵に見えるような仕掛けを作った人もいれば、ライブパフォーマンスをおこなった人もいたりと、それぞれが考え出した答えを展覧会を開いて披露しました。自分にない考え方や表現方法にとても刺激を受けたことを覚えています。

　わたしは、これこそがクラベスホルムホイスコーレで学ぶということの醍醐味なのではないかと思いました。もちろん、専攻分野を突き詰めて学ぶこともできると思います。

だけど、学校は自分がやりたいと思えばなんでもできる環境です。

専攻外のことにも興味があれば参加できますし、写真をやってみたり、陶芸

をしてみたり、はたまた編み物をしてみたり。新たな好きに出会える機会がいっぱいあります。

それが巡り巡って自分の専攻の表現に活きてくることもあると思います。わたしが留学中に、先生に言われて印象的だった言葉があります。それは先生にこうゆうアイディアがあるけどできるかな？と相談したときです。

「できるよ。君が決めるんだ」の、一言でした。

決定権は自分にあって、それをどうするかは先生に許可をとるのではないということです。当たり前のことかもしれませんが、その言葉が今でも胸に残っています。

基本的に、どの授業も始めに詳しく説明されません。まずは、やってみよう。そうやって授業は進んでいきます。なので、最初は戸惑うこともあると思います。そうゆうときデンマーク人は、みんな本当によく話します。お互い話し合って、テーマを深めて掘り下げていくのです。そうゆうコミュニケーションを、彼らはとても自然におこなえます。だから迷ったときは、席を立ってみて周りの人に話しかけたり、教室内を歩いてみたりしてください。周りをどんどん頼ることが大事です。そうすれば、クラベスホルムで素敵な時間を過ごせると思います。

（いりえ　すずり）

ホイスコーレ留学で知るエコ大国デンマーク

霜島　幸生

留学先：Vestjyllands Højskole
留学期間：2020 年 9 月〜 2021年 2 月
学習科目：パーマカルチャー
留学前職業：会社員
留学後職業：会社員
留学時年齢：29 歳
現在の職業：会社員

　自分の健康を気にしてオーガニックの食材を選ぶように、地球にも目を向けてみるようになって、美しい地球が絶えず続いていけるサスティナブルな暮らしのヒントを求めて、ここヴェストユランホイスコーレにやってきた。

　学校生活の中で一番の楽しみだったのが食事。ほぼ 100％オーガニックの食材を使っていることもあり、食材そのものが美味しかった。そしてさすが平等な国デンマーク、ベジタリアン、ヴィーガンのオプションがあり、意外なことにヴィーガンを選ぶ学生が多かった。どうしてヴィーガンにしたのか何人かに聞いてみると、「普段はお肉を食べているけれど、従来の畜産業のやり方が地球環境に良くないのを知って、ヴィーガンに

挑戦してみようと思った」という声が多かった。一方で普段はヴィーガンだけれど、ホイスコーレではお肉やお魚を食べるという人も。その理由は「コペンハーゲンでお肉やお魚を買うと高いし、それにここだったらオーガニックの美味しくて健康に良い

お肉が食べられるから」とのこと。私が20代前半だった頃、同世代でそんなコメントをした人がいただろうか。若者のエコ意識の高さに驚いたのと同時に、デンマークがオーガニック先進国、エコ先進国と呼ばれる所以が分かったような気がした。コペンハーゲンやオーフスなど都市から来ている学生の多くが、エコやサスティナビリティに力を入れている学校だからという理由でここヴェストユランを選んだという。世代も文化も違う学生たちの中で、私は楽しめるのか不安だったけれど、同じ考えを持っている人たちが多いことに安心した。

　デンマークはエコ意識が高いという面も感心するが、デンマーク人の「失敗する」ことに対しての考え方・捉え方もとても魅力的。日本人の多くは「失敗する」ことに対して恐れたり、避けたりするが、デンマークでは違う。「失敗しても、そこから何かを学ぶだけだよ。だからやってみよう。」とホイスコーレの先生にも、友達にも幾度となくいわれた。授業以外のアクティビティが豊富なヴェストユランでは色々な事にチャレンジしやすい場でもある。日本人主催で言語を学ぶイベント「日本語カフェ」を開催することになった時には、学生や先生、全員が集まる食事の時間に、勇気を出してデンマーク語で「日本語カフェ」の告知をした。つたないデンマーク語だったけれど、この私のちょっとしたチャレンジに対してみんなが大きな拍手と歓声をくれた時は、少し恥ずかしかったけれどとても嬉しかった。このデンマークスピリットは今後も人生の中で大事にしていきたい。

（しもしま　さき）

キャリアでの財産ではなく、人生の財産

川合　沙代子

留学先：Odder højskole
留学期間：2018 年 1 月〜 2018 年 6 月
学習科目：映像と TV 制作
留学前　ＩＴコンピューターインストラクター
留学後　映像プロダクションマネージャー
留学時の年齢：34 歳

　留学前にいろいろな人から「なぜ留学するのか」という問いがあると思います。不思議と留学をするときに目的意識を人に聞かれます。なんの目的で、なんのためなのか。どんな自分になりたくて、帰ったときにその経験をどう生かすか。

　私は、10 年間、サラリーマンとして働きました。30 歳になったときに、「映像」の世界に興味を持ち、転向することを決意しました。そのとき、「今まで自分が人生の中でやり残した海外の文化に触れて生活をしてみたい」、そこが始まりでした。映像留学は、各国大変お金がかかります。そして 30 歳だった私は 2 年間を学生として費やすことがとても怖かったのです。

　そこから、たまたま近所の北欧留学センターに行き、フォルケホイスコーレの存在を知り、話を聞いてこれだと思いました。私としては、映像をがっつり学ぶというよりはある意味「さわり」のものを学びながら、異文化の生活をしたいと思っていたからです。

　私がいった、Odder højskole は、とても若い世代が多く集まる højsklole でした。私は、ここで映像の授業以外にも「デンマークカルチャー」という授業や映像の授業、ランニングや水泳の授業などをとりました。水泳は冬のコースにもかかわらず朝 6 時半から週に 1 時間で、実は泳げなかった私が最終的にバタフライまでできるようになったので

す。

　フォルケホイスコーレに行くと、ものすごいカルチャーショックが起きました。私が受けた教育とは本当に違うものだったのです。

　『フォルケホイスコーレは、いろんなことを削ぎ落とす学校。いいか悪いかという判断をしないところに良さがある』

　デンマークで知り合った日本人の友人がそんなことを言っていました。

　私たちは、『留学したらなにかを身につけなければ』という感覚になります。それを否定しているわけではないのですが、フォルケホイスコーレは、今まで背負ってきたいろいろなものを削ぎ落として、そこで残ったものに対して、しっかり自分と見つめ合うことができる場所だと私は思いました。

　授業でも「いったい自分は何に興味があるのだろう」ということに毎日シンプルに向き合いながら、たくさんの人たちと共同生活をしているような日々でした。もちろん時に葛藤もあります。でも、社会に出たら忘れてしまった『生きることについて語る』ことを日常的に行っていたのも事実です。

　キャリアとしてフォルケホイスコーレがあったのかと自分に問えば、私もわかりません。何の目的で、どうなりたいかという留学前に、多くの人から聞かれてきた問い。私の答えとしては、そういう目的意識をあまりにも持ちすぎた概念をなくすことができたのが、一番の成果だったように思います。

　デンマークでの経験は、私のキャリアでの財産ではなく、人生の財産です。豊かさとは人生とは何かを、もう一度考えたい方に、是非おすすめします。

（かわい　さよこ）

手芸好きが集まる楽園のような場所

小見　朋子

留学先（校名）：スカルス手工芸学校
留学期間：2019 年 8 月～12 月
学習科目：手工芸全般
　　　　　　　（刺繍、縫製、編物、織物。他に革細工、籠編みなど）
留学前職業：小学校教員
留学後職業：手芸会社クリエイター
留学時年齢：33 歳
現在の職業：中学校家庭科教員

　手芸好きが集まる楽園のような場所、スカルス手工芸学校。想像を、はるかに超える美しさ、清らかさ、人々の心の温かさで、私たちを出迎えてくれる。手芸のプロとして活躍する人も、趣味として楽しんでいる人も、誰もが一生徒としてここで学ぶことができる。

　校舎は、レンガ造りでクラシカルな雰囲気。さりげなく飾られている小物やインテリアなどからは、無意識のうちに感性を刺激される。1 階が教室や食堂などの共有スペース、2 階が寮やシャワールームなどの生活スペースとなっている。

　一日の始まりは、ホールでの朝の会。ピアノに合わせて歌を歌う。手工芸に関する講義や連絡事項の後、午前の授業が開始。授業はデンマーク語と英語を織り交ぜて行われる。質問もしやすく、英語ができれば授業で言語的に困ることは少ない。ただ、外部講師の講義や日常生活のためにも、デンマーク語の基本的な知識があるに越したことはない。

　主な授業科目は、刺繍、縫製、編物、織物の 4 種類。1 つのクラスが

10 〜 15 人で構成される。学生は、クラスごとにその日予定された科目に取り組む。予定はアプリで共有。午前と午後に一度ずつのティータイムでは、作業で疲れた脳を休めて仲間との会話でリフレッシュ。毎日 15 時半にはその日の授業が終わる。

　放課後はどう過ごすのか。週に何度かは、班に分かれての清掃活動。各週 2 名ずつのキッチン当番も組まれており、担当は 3 度の食事の準備と後片付けを行う。空いた時間は、散歩や日用品の買い出しに出かけたり、その日の作業の続きをしたり、みな思い思いに過ごす。

　ほどなくして夕食。出てくるものは、何もかも驚くほど新鮮でおいしく美しい。ぬくもりのある食堂で、仲間との会話も弾む。食後は曜日によってヨガやデッサンなど、希望制の活動も用意されている。土日もワークショップが開催されることが多く、時間を持て余すことが難しい。

　せっかく来たからには、一分一秒無駄にせず五感をフル活用して吸収したい、そんな思いにさせてくれるスカルス手工芸学校。加えて、ここに集まる人がみな本当に心温かい人ばかりで、スタッフ、学生、そして国籍を問わず、人間同士の心の交流が、私たちの人生に大きな影響を与えてくれる。

（おみ　ともこ）

掛け替えのない日々　フォルケホイスコーレの思い出

M.S.

留学先：Højskolen på Kalø
留学期間：2017 年 8 月〜 2017 年 12 月
学習科目：デンマーク語とデンマーク文化コース
留学前：会社員
留学後：会社員
留学時の年齢：33 歳

　バスから見える景色は田園と小さな小さな町の繰り返しで、こんなところに学校があるのか半信半疑でした。バスの運転手さんに「ここだよ」と言われて降りたバス停は海に面していて、キラキラした水面が美しく、嬉しかったことを良く覚えています。

　33 歳にして、初めての海外生活でした。何度も悩み、やっと決意して仕事を辞めてデンマークに行くことを決めたにもかかわらず、これからの留学生活や帰国してからの日本の生活のことなどが、気がかりになる、道中は不安の方が大きかったと思います。

　でも、とにかくフォルケホイスコーレの生活は始まりました。

　学校生活は、食堂に集まり、先生が弾くギターに合わせ歌を歌ってスタート。生徒の国籍はデンマーク、グリーンランド、アイスランド、アメリカ、ドイツ、メキシコ、シリア、エリトリア、アフガニスタン、イラン、エリトリア、ウガンダ、日本と様々。生徒の平均年齢は 20 歳前後。30 代 以上はかなり少数派でした。若い先生もいて、初めは誰が先生だか生徒だかもよく分かっていなかったと思います。

　フォルケホイスコーレは日

本の「学校」とは大分異なります。日本の「学校」像をなかなか払拭できない私は、現地にいてもなおフォルケホイスコーレを理解することに時間を要し、日々驚きの連続でした。例えば、授業が急に、「近くの町に行ってデンマークの福祉についてどう思っているか各自で町の人 に突撃インタビューしてみよう！（デンマーク語で！）」なんてことになり衝撃を受けました。

　私たちのクラスはいわゆる入門クラスで日常会話もおぼつかないレベルにもかかわらず、です。「え！無理でしょ!?これどういうカリキュラム??」と青ざめていた私に、ドイツ人のクラスメイトが救いの手を差し伸べてくれ、しどろもどろになりつつも無事にインタビューが出来ました。

　日本で、特に社会人として生活していると「完璧にやる」や「失敗しない」ということが、重視される気がしますが、単純に「やってみる」のは、大事なことで楽しいことなんだなと感じました。

　日々の授業に加え、地方選挙投票の見学、観劇、サッカー観戦、森でキノコ狩り、ジャックオランタン作り、火曜の夜のメキシコ人の生徒が主催するサルサクラス、トランプ大会、白熱のW杯予選、本物のモミの木のクリスマスツリーにみんなで飾り付け…、など今こうして文字に起こしてみると 夢だったのかと思うような色々なことを体験しました。

　Kaløでは社会的視野を広げる機会にも恵まれました。アラブ諸国やアフリカから難民として来校した生徒が、印象に残っています。大変な思いをしてきたであろう彼らは明るく優しい人々で、先入観を覆され、デンマークに来る前は深く考えたこともない難民問題を友人の問題としてかなり身近に感じる様になりました。

　日本での生活とは異なる、言葉の面や性格の面でなかなか積極的に行動できなくて思い悩んだこともありました。でも、まさに掛け替えのない日々でした。なにか現地で大きなことを成し遂げたわけではありませんが、フォルケホイスコーレ留学経験はこれからも自分の人生に少しずつ、確実に影響を与え続けると思います。

（M.S.）

フォルケホイスコーレで得たもの

Minako

留学先：Egmont højskole
留学期間：2017 年 1 月〜 2017 年 6 月
学習科目：Danish line
留学前　作業療法士・主任
留学後　作業療法士・フリーランス
留学時の年齢：42 歳

　私が留学したエグモントホイスコーレの特色は、障害のある学生を、健常の学生がヘルプしながら、一緒に共同生活を送る、というところです。「オーフス制度」という、障害者が自分でヘルパーを選び、契約を結ぶことで、資格の有無に関わらず自治体から給与が貰える制度を利用している学校です。

　全校生徒は、デンマーク人 200 人くらいに、日本人 11 人でした。私は、同時期に留学した日本人の脊髄損傷の男性をヘルプしながら、学校生活を送りました。病院で専門職（作業療法士）として働いていたので、デンマーク人学生のヘルプのやり方には驚くことも多々ありましたが、障害の有無に関わらず、みんな笑顔で、日々の生活の中で、Hygge な時間をとても大切にしながら、穏やかに日々が流れているように感じました。

　エグモントでは、自己決定・自己責任がとても大切にされていて、障害の有無に限らず、障害のある学生も意思を伝え、セーリングや自転車・ランプ作り等、色々なことに挑戦していました。ヘルプする側の権利も守られているため、車いすからベッドへの移乗など、部屋にはリフトがついていたり、車いすやコミュニケーションを取るためのタブレット等も、個々に合わせてカスタマイズされていました。また、日本人以外はデンマーク人なので、彼らの日常や考え方等を身近に感じられることが出来たように思います。

　留学先に選んだのは、学校の特色も理由の一つですが、留学後に子どもを対象とした仕事を考えていたため、デンマークの社会福祉制度や学

校教育に興味があったからです。

　日本でもインクルーシブ教育へと流れが変わってきていますが、多様性を受け入れられる国民性は、教育の違いが大きな要因の一つだと感じました。学校見学に行った際、日本では読み書き中心の授業ですが、デンマークでは teaching others 90%、Practice by doing 75%、Discussion group 50% と、授業で重きを置いている部分が異なり、お互いに課題について意見を出し合っていくこと、ダイアローグ（対話）、をとても大切にしていました。お互いの意見を否定せず、受け入れながら、お互いにとってより良い答えを求めていく姿勢が、子どもの時から身についているのではないかと思いました。

　留学を通して、日々の生活や仕事に対する考え方が変わったように感じます。日本でも、自分の時間を大切にしながら、仕事ではダイアローグを心掛けて、より良い環境づくりが出来たらと思っています。帰国後も、修学旅行で日本に来る学生や、日本とデンマーク合同のキャンプ、ダイアローグについての手伝いを通して、刺激を貰っています。来年には全校生徒がパラリンピックを観に来る予定です。時々会えることで、デンマークで得たものを再確認しながら、日々の生活を豊かにしていきたいと思っています。　　　　　　　　　　　　　　　　　　　　（ミナコ）

異国文化コミュニケーションに触れ、
良い仲間と出会う

山本　直之

留学先：DSDH(The Scandinavian Design Collage)
留学期間：2020 年 8 月 -2020 年 12 月
学習科目：家具、インテリアデザイン学科
留学前の職業：インテリアデザイナー (会社員)
留学後：インテリアデザイナー (フリー)
留学時の年齢：34 歳

　私はインテリアデザイン事務所で 11 年間働き、34 歳の時にデンマークの DSDH(The Scandinavian Design Collage) へ留学しました。

　仕事は 10 年間の経験を経た時点で、新たな環境に身を置きたいと考えていました。また元々デンマークのデザインや文化、社会に興味があり、一度現地で学び研鑽を積みたいと考えていました。

　そんな中、フォルケホイスコーレという留学制度があるということを知り、当時もコロナ禍下ではありましたが、この機会を逃せば一生行く機会はないと思い、2020 年夏に留学することを決意しました。

　DSDH はデザインに特化したフォルケホイスコーレで、生徒達は 18歳〜 24 歳くらいまでの若い人達が多く、生徒の半数はデンマーク人でした。そんな中で海外生活を経験したこともない自分がなじめるだろうかと不安がありましたが、その不安はすぐになくなりました。

　最初のオリエンテーションは複数のチームに別れて手作りのカートをデザインし、レースをするというものでした。私のチームはノルウェー人、アイスランド人、オランダ人、日本人、残りはデンマーク人と国際色豊かなチームで、言葉も国籍も文化も違う人間が 1 週間で何もないところから手作りのカートを作成しました。しかしなんとか完成してみると、一人一人の性格や得意なことなどがだんだんと分かるようになり、

気がついたら仲間達とは強い絆で結ばれていました。ものづくりを通し、いつのまにかコミュケーションが取れていたのです。

　そしてその晩にはみんなで焚き火を囲みお酒を飲みながら語り合いました。デンマークでいう「Hygge」の時間。するとそこで一人のデンマーク人がギターを片手に「Imagine」を歌い出し、みんなで合唱をしました。その瞬間、ここには国籍も年齢、関係なく一人の人間として共にいるということを実感し、デンマークへ留学を選択した事は正解だったんだと改めて感じました。他者を受け入れることで自分自身も肯定してもらえた気がしてとても忘れられない出来事となりました。

　デザインの授業は自発的に課題を考える機会や、実践として手を動かす時間が多く、日本の教育との違いを感じ、刺激的な授業ばかりでした。

　半年間の学園生活で異国文化のコミュニケーションに触れ、今でも繋がりのある良い仲間と出会えたことが非常に良い経験となりました。

　留学後の現在はフリーランスのインテリアデザイナーとして働いており、オフィスデザインではデンマークの経験を基に自発的に働く場を作るオフィスをデザインしたり、サスティナブルをコンセプトとしたインテリアデザインをしています。今後もデンマークでの経験を今後の人生に活かして、楽しく生きていきたいです。

（やまもと　なおゆき）

デンマーク人のライフスタイルや人生観を学ぶ

佐藤　ちひろ

　私は、大学在学中の 1993 年 7 月から 1994 年の 7 月までスカルス手工芸学校（Skals Håndarbejdsskole）に留学しました。スカルス手工芸学校は、1868 年に国民高等学校として創立され、その後 1959 年に手工芸学校になりました。洋裁、刺しゅう、織物が必修専門科目で、週に平均 7 〜 8 時間が費やされ、その他に革工芸、陶芸、銀細工、デッサンなど 10 以上にもなる選択科目を各自の希望に応じて学ぶことができました。

　全科目において、基礎的な技術を学んだ後、それを応用した作品制作を開始。課題を与えられることは少なく、個々の創造力が試され、自己の表現力をフルに活用できる楽しさがありました。

　毎日の学校生活は 8 時の朝会で始まりました。授業は午後 3 時過ぎまで続き、夕食後や週末にも講習会などが行われることも多くありました。生徒数は 18 歳から 60 歳代までの約 70 名。基本的に寄宿制で、教室の階上の一人または二人部屋で生活します。各部屋の壁はそれぞれに特徴のある色彩に塗られ、さまざまな絵が飾ってあり、可愛らしく、暖かな雰囲気につつまれていました。

　授業は基本的にデンマーク語で進められました。留学生はアフリカからの 3 名と私だけでした。私は大学でスウェーデン語を専攻していまし

たが、留学の約 5 ヶ月前からデンマーク語の勉強を始めました。よく似ているといわれるこの 2 つの言語ですが、留学最初の 3 ヶ月ほどは言葉の壁に苦しみました。殆どの先生と生徒は英語を話す

ことができましたが、私の留学の目的はデンマーク手工芸技術とデンマーク語の習得にありましたので、努めてデンマーク語を聴き、話すようにしました。先生も生徒も皆とても親切で、いつでも手助けしてくれますが、自分の意思や希望をしっかりと伝えられるように、基本的な会話ができる程度の語学力は留学前に身につけておくべきだと実感しました。

　フィヨルドが臨める自然豊かな環境の中にあるスカルス手工芸学校。伝統的な北欧手工芸に熱中できるだけでなく、デンマーク人との共同生活の中で彼らのライフスタイルや人生観などを学ぶことができ、有意義な留学生活を送ることができました。

（さとう　ちひろ）

　　　佐藤ちひろさんが留学された当時、スカルス手工芸学校は、folkehøjskoleではなく、手芸専門学校でした。1年間、ひと通り手芸のスキルを学んだ後、セミナリオ（最大2年）と呼ばれる専門コースがありました。

佐藤ちひろ：刺繍・小箱作家。スウェーデンの児童者アストリッド・リンドグ
　　レーンの影響を受け、幼少より北欧に強い憧れをいだく。1993年スカル
　　ス手工芸学校に留学。帰国後、都内各所で、デンマーク手芸の講座を始め。
　　2002年には日韓サッカーワールドカップでデンマークナショナルチーム
　　の専属通訳も務めた。刺繍と小箱作りの教室「アトリエ・エスカ」を主宰。
　　著書に『ちいさな刺しゅう』、『アルファベット刺しゅう』（共にNHK出版）、
　　『HEDEBOデンマーク伝統の白糸刺繍』（日本ヴォーグ社）など。

【デンマーク留学に参考になる本】

北欧の和み ―デンマークの扉をあけて

稲垣早苗著

　2008年に刊行。folkehøjskole の留学体験を綴った文章で、本書以上のものはまだ読んだことがありません。失敗も含めた留学体験を血肉にして、著者は日本での生活や仕事に活かしています。デンマークの暮らしを切り取った著者自身の写真が素晴らしいです。hygge という言葉をいち早く紹介しています。

映画のなかの「北欧」―その虚像と実像

著者：村井 誠人、大島 美穂他編著

　北欧産映画と北欧関連映画を紹介し、映画を通じて北欧の文化・社会を紹介した本。いわゆる映画批評の本ではありません。本書を参考にして留学前に鑑賞して北欧文化に触れておきましょう。デンマーク映画のおすすめは『バベットの晩餐会』でしょうか。

コペンハーゲンの街角から ―小さな大国デンマークに暮らして

寺田和弘著

　著者は 1980 年からデンマークの日本大使館に 3 年間滞在した。当時 20 代だった著者がデンマークの社会とデンマーク人の生活を活写。デンマークという国を知る格好の入門書です。

デンマークで保育士 —デンマークの子どもたちからもらったステキな時間

遠藤祐太郎 著

　ワーキングホリデーを利用して、デンマークのfolkehøjskole に留学した後、半年間現地で保育士として働いた。自身の精神的成長を織り交ぜながらデンマークとの出会い、現地保育の現場で見たこと体験したことを率直に綴った青春の書。

デンマークのにぎやかな公共図書館
—平等・共有・セルフヘルプを実現する場所

吉田右子 著

　デンマークの民主主義社会とはどのようなものなのか？デンマークの図書館事情を通して、デンマーク社会の基本的な考え方がわかる本です。受験勉強部屋と化した風景は、デンマークの図書館にはありません。市民が集い学ぶ場所なのです。

デンマークを知るための 68 章

村井 誠人 監修

　デンマーク事典と言い換えても良い内容。著者は学者、研究者が中心のため、思い込みで書かれた文章がありません。68 のトピックで構成されていますから、興味のあるタイトルから読んでゆくと良いです。

限りなく完璧に近い人々 なぜ北欧の暮らしは世界一幸せなのか？

マイケル・ブース著，黒田眞知訳

　デンマーク人と家庭を築いた英国生まれのトラベルジャーナリスト、フードジャーナリストが書いたデンマークを中心とした北欧論。礼賛にも批判にも偏らない書き方。本書の刊行をきっかけに、「hygge」や「幸福の国」のワードを用いて北欧を語る人がネット上で爆発的に増えました。

流れがわかる！デンマーク家具のデザイン史
─なぜ北欧のデンマークから数々の名作が生まれたのか

多田羅景太著

　デンマーク家具の歴史とその作家たちを丹念に紹介しています。研究者の凄みを感じる労作。学術書ですが文章は難しくありません。北欧デザインを学ぶ人には興味が尽きない本。

Flight to Denmark

演奏：デューク・ジョーダン
北欧ジャズの名盤。

北欧への想い

演奏：デューク・ジョーダン

【デンマーク留学お役立ちサイト】

在日本デンマーク王国大使館
https://japan.um.dk/ja/
留学や査証についてたずねてもいっさい答えてはくれません。

在デンマーク日本国大使館
Embassy of Japan in Denmark
https://www.dk.emb-japan.go.jp/itprtop_ja/index.html
デンマークの生活の関わる基本情報が得られます。コロナの最新情報も
こちらで得られます。

Højskolernes Hus
https://www.hojskolerne.dk/
Folkehøjskole のすべての情報が得られます。但し英語です。

デンマーク健康省
https://www.sst.dk/en/English/Corona-eng
ここで様々なコロナ情報が得られます。

デンマーク国鉄 (DSB) のチケット予約・購入 徹底解説
https://urtrip.jp/denmark_railway_ticket/#i
本当に徹底解説されています。

デンマークの携帯事情（Wi-Fi、SIM）
https://www.arukikata.co.jp/country/DK/info/mobile.html
「地球の歩き方」が公開しているページです。

スカンジナビア航空
https://www.flysas.com/jp-ja/

デンマーク郵政局
https://www.pakke.dk/postdanmark-postnord
デンマークから日本への郵便料金を調べる。

デンマーク教育機関案内ポータルサイト
https://studyindenmark.dk/
デンマークの教育機関、すべての情報。

デンマーク日本人会
http://www.jdnet.dk/
現地在住日本人の交流サイト。デンマークの日常生活の細かな情報が
得られる。

新評論
https://www.shinhyoron.co.jp/
人文・社会学を中心に良書を刊行する出版社。北欧関連の良書を多く
刊行している。

北欧留学情報センター
https://www.bindeballe.com/
※北欧の留学で迷ったり、北欧語を習いたいと思ったらここへ連絡。

ビネバル出版ホームページ

ビネバル出版刊行物案内

＜ビネバル出版の本＞

Moi からはじめよう
フィンランド語の手ほどき

石井晴奈著 /A5 版 68p・並製／定価：1848 円

本書はフィンランド語に初めて触れる方のために、初級レベルの文法をまとめたものす。文法用語はできるだけ少なくし、一般的な会話例を多く取り入れ、単語を入れ替えて幅広い会話ができるように工夫しました。（はじめに、より）

新装版
コペンハーゲンの街角から
小さな大国「デンマーク」に暮らして

寺田和弘著 /A 5 版 174/ 並製／定価 2750 円

デンマークでの勤務と生活を通じて、自己と日本の将来を見つめた「青春の書」。（本書は 2003 年に刊行したものの再刊行です）
直販なら 2200 円（税含む・送料無料）で販売中！

ユール・イャータ
デンマーク生まれのクリスマスオーナメント 150 のサンプル

ファルスター民俗資料館編 / 福居誠二訳
/B5 版 136p・並製 / 定価 4180 円

　北欧のクリスマスに欠かせないユール・イャータ。本書はユール・イャータの歴史と北欧の家庭で伝えられてきた 150 種の折り方を紹介したものです。あなたのクリスマスがこの本を手にとったとたんに変わります！
直販なら 3800 円（税含む・送料無料）で販売中！

デンマークで保育士

デンマークの子どもたちからもらったステキな時間

遠藤祐太郎 著　定価 2310 円 / A5 版 152 p・並製

保育士給料 40 万。待機児童も無し。
病児保育も無し。デンマークの保育を現場から伝えた本。
目指すべき保育の未来がここにある。
直販なら 2000 円（税含む・送料無料）で販売中！

【北欧語学教室】

　北欧留学情報センターでは、デンマーク語、スウェーデン語、フィンランド語の語学教室を開講しています。ノルウェー語の教室はありませんが、個人授業は対応しています。留学や赴任に際し、現地の言葉をある程度習得していくことは現地の生活に溶け込む意味でも欠かせないと思います。お気軽にお問い合わせください。

【北欧留学相談】

　北欧留学情報センターでは、デンマークのFolkehøjskole を中心に、北欧の大学、大学院の留学案内と情報提供を有料（3300円 2022年4月現在）でしています。お気軽にお問合せ下さい。

　学校の選び方、入学・留学の手順や留学するため何を準備しなくてはならないか等をご案内しています。カウンセリングは概ね 60 分程度です。なお携帯電話からお申し込みされる方は、返信ができないことが多いため、必ず商業メールアドレス（gmail,hotmail など）をお書き添え下さい。

語学教室

留学相談

執筆者紹介（「フォルケホイスコーレの魅力）

原　義彦（はら　よしひこ）

○略歴

筑波大学大学院図書館情報メディア研究科博士後期課程修了。博士（学術）。専門は生涯学習学、社会教育学。宮崎大学助教授、秋田大学准教授、教授を経て、2022年4月より東北学院大学教授。

○主な著書

『生涯学習社会と公民館　経営診断による公民館のエンパワーメント』日本評論社、2015、『社会教育経営論－新たな系の創造を目指して』理想社、2020（共編著）、他多数。

本書作成にあたり以下の方にお世話になりました。

お礼申し上げます。

　　＊入江朱珠琳（表紙デザイン）

　　＊野崎洋子（校正）

　　＊リーセ・スコウ（デンマーク語校正）

Folkehøjskole に行こう
良い出会い、良い体験、良い学び
のある Folkehøjskole 20校

初　版　2022年4月25日

編著者：北欧留学情報センター
発行人：山中 典夫
発　行：(有) ビネバル出版
　　　　〒162-0813 東京都新宿区東五軒町2-11-201
　　　　電話 03-5261-8899　　FAX 03-5261-0025
発　売：星雲社 ／ 印刷・製本　㈲タチカワ印刷